Hof mit Himmel

16 persönliche Geschichten, die unter die Haut gehen

Herausgegeben von
Stefan Loß und Ingo Marx

ERF-VERLAG WETZLAR
R. BROCKHAUS VERLAG WUPPERTAL

Vorwort

Seit Frühjahr 2000 ist der „Hof mit Himmel“ auf Sendung. Jede Woche ein neues Thema und Gäste, die offen und ehrlich aus ihrem Leben berichten. Nur selten begrüßen wir Prominente im „Hof mit Himmel“ - meist sind es Menschen „wie du und ich“, und gerade das ist die Stärke dieser Sendung: der Lokführer, die Lehrerin, der Geschäftsmann, die Hausfrau – alles Menschen, die mitten im Leben stehen.

Warum laden wir solche Menschen ein? Weil sie Geschichten zu erzählen haben: Der eine hat einen Unfall verursacht, bei dem 17 Menschen ums Leben gekommen sind. Wir wollen von ihm wissen, wie er es schafft, mit dieser Schuld zu leben. Da ist die junge Frau, die sich selbst fast zu Tode gehungert hätte, bevor sie entdeckte, dass Jesus ihren Lebenshunger stillen will. Da ist der Weltenbummler, der ohne Geld in der Tasche jahrelang um den Globus gereist ist, um Menschen von Gott zu erzählen.

Eines verbindet alle diese Menschen: Sie haben nicht nur spannende Geschichten zu erzählen, sondern auch erlebt, dass Gott in ihr Leben eingegriffen hat. Er hat getröstet, geheilt, neue Perspektiven eröffnet. Auch darüber sollen sie im „Hof mit Himmel“ erzählen.

Das vorliegende Buch bietet 16 Geschichten aus mehr als 150 Sendungen. Die Auswahl war nicht leicht. Mancher mag vielleicht denken, dass einige doch recht ähnliche „Strickmuster“ aufweisen: „aus der Krise zum Glauben“. Wahrscheinlich ist gerade das typisch menschlich. Meist braucht es eine unerwartete Wendung, eine dramatische Zuspitzung im Leben eines Menschen, um ihn ins Nachdenken über Gott zu bringen. Ist Gott also eine Art Notrufnummer? Wenn dem so wäre, müssten unsere Geschichten eigentlich alle so funktionieren: Krise – Gott gefunden – aus der Krise heraus – und schon spielt Gott keine Rolle mehr. Aber so gehen unsere Geschichten eben nicht weiter.

Die Menschen, die wir Ihnen in unserem Buch vorstellen, haben Gott oft als Helfer in der Not erlebt, aber dieses Erlebnis hat eine tiefe Spur in ihrem Leben hinterlassen. Sie haben erlebt, dass dieser Gott sie gerade dann trägt, wenn es dunkel wird in ihrem Leben – und gerade deshalb halten sie an ihm fest, auch wenn es wieder hell geworden ist. Sie haben in dieser persönlichen Beziehung etwas entdeckt, das ihrem Leben Tiefe und Halt gibt – in guten und in schlechten Tagen.

Wozu lebe ich eigentlich? Was gibt mir Sinn und Halt? Das sind Fragen, auf die ein Pfarrer oder Theologe sicher kluge Antworten geben kann. Aber was ist mit dem echten Leben? Wie funktioniert das im Alltag? Darauf kann man eigentlich nur mit Geschichten antworten, mit Beispielen, wie Jesus das selbst oft getan hat. So ähnlich funktioniert auch der „Hof mit Himmel“. Allerdings sind unsere Berichte keine Gleichnisse oder erfundene Beispielgeschichten. Hier werden Geschichten von Menschen aus Fleisch und Blut erzählt, die mitten im Leben stehen. Und das macht den Glauben erlebbar.

Genau das soll dieses Buch leisten. Vielleicht können diese Geschichten ja auch für Sie selbst eine ganz neue Tür öffnen, sich mit dem Glauben und mit dem Gott der Bibel auseinander zu setzen. Das jedenfalls wünschen wir Ihnen.

Ein herzliches Dankeschön an dieser Stelle unseren Kolleginnen und Mitautorinnen Susanne Hohmeyer-Lichtblau und Sigrid Röseler.

Stefan Loß
Redaktionsleiter

Ingo Marx
Redakteur „Hof mit Himmel“

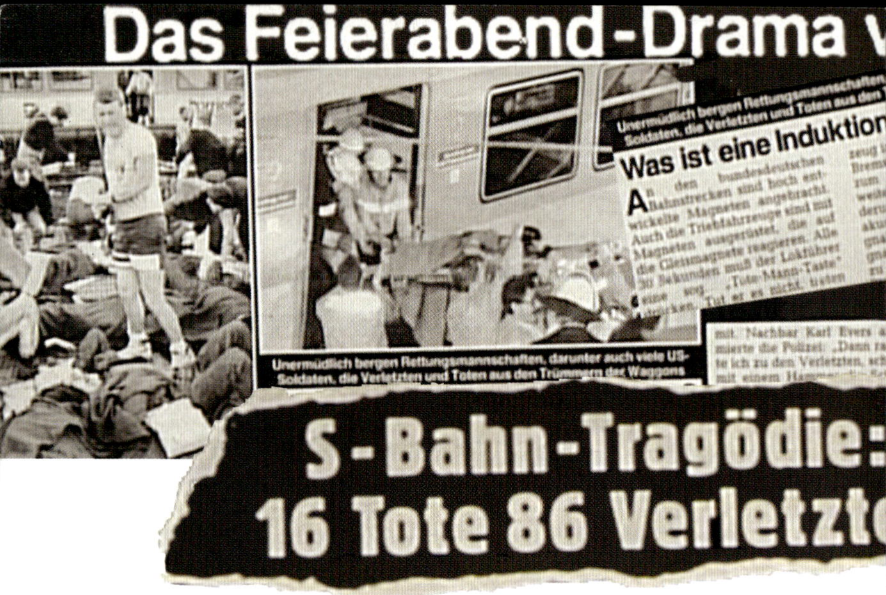

Helmut Hosch

„Schuldig!“

Bahnhof Rüsselsheim, 2. Februar 1990. Es ist Viertel vor fünf am Nachmittag. Der Berufsverkehr ist in vollem Gange, Pendler auf dem Weg nach Hause. Routine für Lokführer Helmut Hosch. „Zurückbleiben bitte!“ Die Türen schließen sich. Er fährt los. Dabei übersieht er, dass ein Signal auf „Halt“ steht. Eine andere S-Bahn kommt ihm entgegen. Bremsen ächzen, aber zu spät: Die Züge stoßen frontal zusammen. Den Rettungskräften bietet sich ein Bild des Grauens. 17 Menschen können nur noch tot aus den Trümmern der Waggons geborgen werden, etwa 90 sind verletzt. Unter ihnen auch Helmut Hosch.

„Das Signal war grün“, das sind seine ersten Worte, als er im Krankenhaus aus der Bewusstlosigkeit erwacht. Doch nach und nach muss er sich an den Gedanken gewöhnen, dass er einen verhängnisvollen Fehler gemacht hat. „Mein ganzes Weltbild ging in diesem Moment kaputt“, erinnert er sich. „Ausgerechnet ich, der Superchrist, aktiv in meiner Kirchengemeinde und in der Obdachlosenhilfe. Am Morgen habe ich noch gebetet. Und dann das.“ Helmut Hosch verliert den Boden unter den Füßen. Wie soll ein Mensch weiterleben mit solch einem Versagen? Eine Beckenfraktur fesselt ihn ans Bett. Nur seine Bewegungsunfähigkeit hindert ihn daran, sich das Leben zu nehmen. „Hätte ich in den ersten Tagen die Chance zum Selbstmord gehabt, ich hätte sie garantiert genutzt.“

Er verzweifelt an sich selbst und an seinem Glauben. „Vorher bist du immer zehn Zentimeter über dem Boden geschwebt“, bekommt er zu hören. „Wo ist nun dein Gott?“ Hosch trifft das in Mark und Bein. In langen schlaflosen Nächten buchstabiert er das ABC seines Glaubens durch und gewinnt ihn Schritt für Schritt zurück.

„Im Laufe der Zeit habe ich immer mehr kapiert, dass vieles an diesem Unfall nicht selbstverständlich war. Da sind zwei S-Bahnen zusammengestoßen, und ich saß vorne drin. Aber ich lebe noch. Und ich hatte immer viele Leute um mich herum, die mit

mir redeten, die meinem Weinen zuhörten und die nicht an mir verzweifelt sind. Das halte ich alles für ganz große Wunder und Geschenke. Ich habe im Lauf der Zeit gelernt, sie diesem Gott zuzuschreiben."

Vor dem Landgericht Darmstadt muss sich Helmut Hosch für seinen Fehler verantworten. Der Richter erkennt auf fahrlässige Tötung. Das Urteil: zehn Monate Haft auf Bewährung und eine Geldstrafe. Die Gerichtsschuld ist schnell abbezahlt – aber was ist mit der moralischen Schuld? „Ich habe die Verantwortung für die Reisenden", weiß Hosch. „Wenn die Leute bei mir einsteigen, dann mit dem Vertrauen, dass sie gut ankommen. Aber sie sind nicht angekommen. Siebzehn sind nicht angekommen."

„Wir verzeihen niemals!", schreibt eine Boulevardzeitung in großen Lettern. Helmut Hosch kann das verstehen: „Bei all dem Leid, das ich über die Menschen gebracht habe, ist das die logische Schlussfolgerung. Ich lebe, andere mussten sterben. Ich kann mir nicht vorstellen, woher die Leute die Kraft nehmen sollen, mir zu verzeihen."

Bei der Frage, ob er sich selbst verzeihen kann, atmet Helmut Hosch tief durch. „Ja", sagt er zaghaft. Aber das, so betont er, sei für ihn nicht das Entscheidende. „Für mich war eher die Frage: Wohin gehe ich mit dieser Schuld?" Eines Tages, da ist er sich sicher, wird er sich für sein Leben verantworten müssen. „Dann werde ich vor Gott stehen, und der wird mich fragen: Helmut, was hast du mit deinem Leben gemacht? Dann werde ich anfangen zu grübeln, und es werden mir ein paar schöne Dinge einfallen, aber die Liste mit dem Mist, den ich gebaut habe, wird viel größer sein. Und vor allem wird da ein ganz dickes Rüsselsheim bei mir drunterstehen. Das kann ich nie wieder gutmachen."

Trotzdem ist Hosch heute davon überzeugt, dass auch diese Rechnung bezahlt ist. Gott selbst hat dafür gesorgt. „Ich musste erst lernen, Vergebung anzunehmen. Aber ohne Vergebung wäre alles nur Makulatur. Ohne Vergebung müsste ich zugeben, dass mein Leben keinen Sinn mehr hat. Doch ich weiß, es gibt einen Jesus Christus, der qualvoll ans Kreuz genagelt worden ist, damit ich in meinem Leben bestehen kann." An diesen Glauben hat sich Helmut Hosch geklammert, als er es am nötigsten hatte. Dieser Glaube hat sich in seinem Leben als tragfähig erwiesen.

Helmut Hosch arbeitet immer noch bei der Bahn, macht Kontrollfahrten. Auch das ist eine große Verantwortung. Er hat eine zweite Chance bekommen. Er ist sich sicher: Vergessen ist seine Schuld wohl nicht – aber vergeben.

Manfred Mollath

„Die Christen haben doch ein Brett vorm Kopf!“

Manfred Molllaths Jugend verläuft äußerlich eher unscheinbar. Als Lehrling wird er kaum beachtet, und auch später als Chemiefacharbeiter fällt er kaum auf. Er ist unkritisch und macht sich kaum Gedanken über Politik. Dann verliebt er sich in ein Mädchen, das ihn in Kontakt mit der linken Szene bringt. Manfred Mollath entwickelt einen Blick für soziale Ungerechtigkeiten und die Möglichkeit, sich gemeinsam mit anderen dagegen zu engagieren. Jahrelang hat sein Temperament brachgelegen, und nun findet er etwas, wofür es sich einzustehen lohnt. Das Leben bekommt für ihn einen Sinn. Um die Gesellschaft zu verändern, zieht er auch beruflich Konsequenzen. Er lässt sich zum staatlich geprüften Erzieher ausbilden und tritt eine Stelle in einem Heim für Sozial-Waisen an.

Manfred Mollath gehört zu den Hippies der 70er: Er ist Revolutionär vom Scheitel bis zur Sohle. Er liest Karl Marx und Mao, saugt deren Gedankengut in sich auf. Er wohnt in einer Kommune am Stadtrand von Frankfurt und lebt, was er denkt. Doch das verträgt sich unmöglich mit Religion – auch da ist er eins mit Karl Marx: Religion ist Opium für das Volk. Er glaubt, dass Religion dazu dient, dass die Menschen „gut in der Maschinerie des Kapitalismus funktionieren“. Seiner Meinung nach ist das Christentum Volksverdummung. Manfred Mollath hat ein feuriges Kämpferherz entwickelt, um andere von seinen Idealen zu überzeugen. Er liebt heiße Diskussionen, in denen er meist Sieger bleibt. Nur beim Glauben ist Schluss, da lässt er

nicht mit sich reden. Wer ihm mit Jesus kommt, fliegt raus.

Aber mit den Jahren und nach manchen schmerzhaften Erfahrungen muss er lernen, dass sich die politischen Ziele der revolutionären Linken nicht verwirklichen lassen. Sein Lebenskonzept erweist sich als unhaltbar. Manfred Mollath muss sich von seinen idealistischen Träumen verabschieden. Mit der Zeit werden die Haare kürzer, das Gemüt ruhiger. 1988 heiratet er eine Christin. Er arrangiert sich mit ihrem Glauben, solange er nicht direkt etwas damit zu tun bekommt. Zu Hause wird das Thema verdrängt. Was seine Frau in ihrer christlichen Gemeinde tut, ist ihm egal. „Die Kirche ist für mich Feindesland. Niemals werde ich meinen Fuß über diese Schwelle setzen."

Dann wird er Vater. Um die wachsende Familie zu ernähren, muss er erneut den Beruf wechseln. Er arbeitet im Schichtdienst bei einem Abschleppunternehmen. Langsam merkt er, dass seine Frau ihre Werte und Einstellungen in die Erziehung der Kinder einfließen lässt. Es kommt zum Konflikt, sie streiten immer öfter, die Ehe steht auf der Kippe. Die Molllaths kommen zu keiner Lösung, die Kommunikation verebbt, Resignation macht sich breit. Manfred Mollath wird müde. Die alten Ideale sind längst verblasst, sein Familienleben frustriert ihn, und im Beruf muss er oft bis zu dreihundert Stunden im Monat vollen körperlichen Einsatz bringen.

Eines Tages, ein Tag wie jeder andere, tritt er seinen Schichtdienst an. Ein Wagen ist liegen geblieben, nahe dem Frankfurter Messegelände. Manfred Mollath rüstet seinen Abschlepper und fährt los. Am Ort der Panne angelangt,

sammelt er einen Vertreter von der Buchmesse auf – ein seltsamer Fahrgast, wie sich schnell herausstellt. Der Mann ist Christ und verwickelt ihn in ein Gespräch. Der Pannenhelfer hat keine Chance zu entkommen. Er muss seinen Kunden nach Wiesbaden bringen – rund eine halbe Stunde Fahrt, in der der fromme Mensch genug Zeit hat, ihn nach dem Gott der Bibel zu fragen. Manfred Mollath lässt es sich gefallen. Er wundert sich über sich selbst. Der Fremde scheint sich nicht im Geringsten daran zu stören, dass der christliche Glaube für ihn ein rotes Tuch ist. Das imponiert dem Alt-68er. Doch dann geht dieser Christ noch weiter: „Darf ich für Sie beten?“, fragt er plötzlich. „Wenn es Sie glücklich macht – tun Sie, was Sie nicht lassen können!“, erwidert Manfred Mollath. Da betet der andere laut für ihn: Er dankt Gott dafür, dass er ihm noch eine Chance gibt. „Was für eine Chance?“, fragt sich Manfred Mollath.

An diesem Tag kommt bei ihm ein Stein ins Rollen. Seine merkwürdige Begegnung behält er zunächst für sich. Es vergehen zwei Monate, bis er seiner Frau von dem eigenartigen Erlebnis erzählt. Zwei Monate, in denen ihn der Gedanke an diesen Mann und sein Gebet nicht loslässt. Manfred steht innere Kämpfe durch. Was werden seine Kumpels von der Arbeit sagen? Doch dann gibt er sich einen Ruck. Er fragt seine Frau, ob er mit ihr in die Kirche gehen darf. Sie schnappt nach Luft. Er weiß zwar nicht, auf was er sich da einlässt, aber die Chance, von der dieser Mann sprach, will er nicht verpassen. Nun gibt es kein Zurück mehr. Was hat er zu verlieren? Er betritt die Gemeinde, um die er lange einen großen Bogen gemacht hat, und es übermannt ihn das Gefühl, plötzlich zu Hause zu sein.

Einige Monate später hat Manfred Mollath einen Glaubenskurs besucht. Endlich kann er sich fallen lassen. Er erlebt die völlig neue Dimension, einfach zu glauben und zu vertrauen. Sein kleiner Sohn umschlingt seine Beine und blickt zu ihm nach oben: „Papa, wenn du jetzt auch zu Jesus gehörst, dann musst du ja jetzt auch nicht mehr sterben!“ Wieder muss Manfred Mollath kämpfen, diesmal mit den Tränen. Der Revolutionär hat Frieden gefunden bei einem Gott, der ihm seine jahrelange Rebellion verziehen hat.

Karsten Meyer

In guten Händen

W as ich in meinem Leben am meisten bereue, ist, dass ich erst sehr spät, nämlich mit 59 Jahren, Christ geworden bin", meint Karsten Meyer heute. Dazu brauchte er einen langen Anlauf.

Karsten wächst als Sohn eines Handwerkers mit eigenem Unternehmen auf. Sein Hobby ist das Segeln. Karsten wird vierzehn Mal Deutscher Meister, einmal Europameister, nimmt fünf Mal in Folge an Olympischen Spielen teil und wird 1972 gemeinsam mit Willy Kuhweide sogar Weltmeister. 20 Jahre lang ist Segeln sein Leben. Er genießt es, ein Sportstar zu sein, liebt das Rampenlicht. Der sportlichen Karriere folgt die berufliche. 1983 übernimmt er von seinem Vater die Telekommunikationsfirma „Fleischhauer" mit damals 80 Mitarbeitern. Unter seiner Führung geht es weiter bergauf. Das Unternehmen wächst bis Anfang der 90er Jahre auf über 600 Angestellte. Mit seiner Frau gehört er zu den oberen Zehntausend der Gesellschaft. Gerhard Schröder, damals noch niedersächsischer Ministerpräsident, bezeichnet ihn in der Presse als einen seiner drei engsten Freunde.

1995 nimmt der Höhenflug ein jähes Ende: Ein Großkunde gerät in finanzielle Schwierigkeiten. Die Aufträge bleiben aus. Die Firma „Fleischhauer" steht kurz vor der Insolvenz. Auch seine Kontakte zur Highsociety nutzen Karsten Meyer in der Krise nichts. Viele seiner Freunde lassen ihn im Stich. Er steht plötzlich im Abseits, beruflich und privat. Albträume und Selbstmordgedanken verfolgen ihn.

An diesem Tiefpunkt lädt ihn 1996 eine Freundin seiner Frau zu einer Gesprächsrunde der Internationalen Vereinigung Christlicher Geschäftsleute (IVCG) ein. Doch mit dem „frommen Kram" will er nichts zu tun haben. Er lässt den ersten Termin platzen. Erst als seine

Frau damit droht, beim nächsten Mal allein zu gehen, kommt er widerwillig mit – und das ausgerechnet an seinem Geburtstag. Das Thema des Abends: Wer ist Jesus Christus? Karsten Meyer ist skeptisch, aber hier kann er seine Fragen loswerden. Und er bekommt Antworten, die ihn überzeugen. Er erkennt: Dieser Jesus bietet ihm ein sinnvolles Lebens an. Und er will ihm auch dann ein Freund sein, wenn es schlecht läuft.

Gemeinsam mit seiner Frau trifft er eine Entscheidung. Von diesem Tag an wollen sie als Christen leben, als Menschen, die

die Botschaft der Bibel ernst nehmen. Karsten Meyers Leben ändert sich von Grund auf. „Ich wache nachts nicht mehr mit Ängsten auf. Ich bin ausgeglichener. Vor allem bin ich für meine Umwelt und besonders für meine Ehefrau wesentlich erträglicher geworden."

Auch in seiner Firma macht Karsten Meyer aus seinem neuen Glauben keinen Hehl. Mit neuem Schwung und einem tiefen Glauben macht er sich an die Arbeit, seine Firma zu sanieren. Gleich am ersten Tag beruft er in der Führungsetage eine Sitzung ein. Seinen leitenden Mitarbeitern verkündet er: „Ich habe ein Buch gefunden, das Antwort gibt auf alle unsere Fragen." Als alle den Bleistift zücken, um Titel und Autor zu notieren, meint Meyer: „Braucht ihr nicht, das Buch, das ich meine, ist die Bibel. Geschrieben hat sie Gott." Die Reaktion: Verblüffung und Skepsis. Doch Karsten Meyer, der sich bisher nur auf Fakten und Bilanzen verlassen hat, will jetzt den Ratschlag der Bibel ernst nehmen: „Sorge dich nicht um morgen."

Schon bald wird sein Gottvertrauen auf die Probe gestellt. Ein entscheidendes Gespräch mit den Gläubigerbanken steht an. Es geht um die Zukunft der Firma. Lächelnd tritt er den Bänkern entgegen. Die trauen ihren Ohren kaum. Unmissverständlich macht Karsten Meyer klar, in wessen Hand seiner Meinung nach die Zukunft seiner Firma wirklich liegt. „Jesus hat das alles in der Hand, und er wird das schon richtig machen." Er behält Recht. Tatsächlich kann der Konkurs der Firma „Fleischhauer" abgewendet werden.

Karsten Meyer hat die Erfahrung gemacht, dass der Glaube an Gott ihn durch die tiefste Krise seines Lebens hindurchgetragen hat. Ob er auch am Glauben festgehalten hätte, wenn seine Firma bankrott gegangen wäre? Diese Frage stellt sich für ihn nicht. Er hat etwas gefunden, das ihm heute wichtiger ist als Wohlstand, Erfolg, Goldmedaillen, prominente Freunde und Ansehen in der Gesellschaft. Und er scheut sich nicht, darüber zu reden, ob es passt oder nicht: „Es ist mir eine Riesenfreude, im täglichen Leben meinen Glauben zu bekennen."

Hans-Jörg und Linda Karbe

„Es ist wie Sterben auf Raten“

Hans-Jörg Karbe sitzt vor dem Computer. Plötzlich verschwimmen die Buchstaben vor seinen Augen. Er kann sich einfach nicht konzentrieren. Aber er muss. Der Vortrag muss fertig werden. Komplizierte Zusammenhänge unter Zeitdruck erfassen und auf den Punkt bringen – früher war das für den Theologen kein Problem. Doch in letzter Zeit verliert er immer öfter den roten Faden. „Worum ging es noch gleich? Was wollte ich eigentlich sagen?“

Vielleicht liegt es nur an der Überlastung. Er sollte mal wieder ausspannen. Auf Anraten des Arztes reduziert er sein Arbeitspensum. Doch auch das hilft nichts. Ganz im Gegenteil, es wird immer schlimmer. Manchmal verliert er sogar in vertrauter Umgebung die Orientierung. Immer öfter muss ihm seine Frau helfen, sich zurechtzufinden. Hans-Jörg Karbe ist zutiefst verunsichert. Beide spüren: Hinter den Aussetzern steckt mehr als nur Stress. Es ist an der Zeit, einen Facharzt zu konsultieren. Im Sommer 2000 sitzen sie gemeinsam im Behandlungszimmer und

warten auf die Diagnose. Der Neurologe wendet sich an Linda Karbe: „Was denken Sie denn, was Ihr Mann hat?“ Linda wird langsam nervös. „Ich könnte mir vier Dinge vorstellen, das vierte ist Alzheimer.“ „Und was wäre das Schlimmste?“ „Genau das.“ Gerne würde der Arzt den Karbes die Diagnose ersparen. Aber es ist tatsächlich Alzheimer.

Linda ist zutiefst erschrocken. Ihrem Mann ist die Tragweite dieser Nachricht nicht ganz bewusst. Erst mit der Zeit begreift er, was diese Krankheit bedeutet, was sie für ihn bedeutet. Eine erste ernste Konsequenz: Er muss seinen Job als Bibellehrer eines christlichen Jugendzentrums aufgeben. Seinen Studenten und Schülern hat er oft von seiner persönlichen Gottesbeziehung berichtet: „Für Gott ist das, was wir sind, wichtiger als das, was wir tun." Nun muss sich zeigen, ob die Theorie im wahren Leben standhält. Früher war er handwerklich sehr begabt, heute bringt ihn schon das Zusammenstecken von zwei Vorhangschienen fast zur Verzweiflung. Er kann Gegenstände nicht mehr logisch sortieren, beim Lesen tanzen die Buchstaben vor seinen Augen, oder er vergisst, wo sich das eigene Schlafzimmer befindet.

Mit der Erinnerungsfähigkeit schwindet auch das Selbstvertrauen.

Alzheimer ist unheilbar. Hans-Jörg Karbe nimmt Medikamente, besucht Therapien, achtet auf genügend Schlaf. Aber er weiß, wie seine Zukunft aussieht: „Es ist wie Sterben auf Raten." Nach menschlichem Ermessen ist seine Krankheit eine Geschichte ohne „Happyend". Am Ende wird er ein Pflegefall sein, bettlägerig, nichts mehr wissen, nichts mehr verstehen, niemandem mehr vertrauen, keinen mehr erkennen. „Wenn ich gar nichts mehr kann, darfst du mich in ein Pflegeheim geben", sagt er in einem Anflug von Verzweiflung zu seiner Frau. Linda weiß, dass ihr Mann irgendwann auch sie vergessen wird. Es sei denn, es geschieht ein Wunder. „Die Bibel ist voll von Heilungsberichten. So etwas kann Gott auch heute noch tun" – davon sind beide überzeugt. Aber sie wissen, dass es auch anders kommen kann. „Vielleicht will Gott, dass wir diesen Weg zu Ende gehen", sagt Linda.

Das auszuhalten, fällt beiden nicht leicht. Sie flüchten sich ins Gebet. Schütten Gott ihr Herz aus, suchen Trost in den Texten der Bibel – manchmal unter Tränen. In ihrem Glauben finden

Hans-Jörg und Linda die Kraft, sich der Krankheit zu stellen. „Ich weiß nicht, wie Menschen ohne eine Beziehung zu Jesus Christus so etwas durchstehen können.“ Es ist ihnen wichtig, offen über ihre Probleme zu reden – mit der Familie und mit Freunden. Obwohl er sich damit verletzlich macht, scheut Hans-Jörg den Kontakt nicht. Er muss damit leben, dass die Menschen seine Defizite bemerken. Immer mehr von dem, was er früher wusste und konnte, geht verloren. Vieles muss seine Frau für ihn erledigen. Nur in ihrer Nähe fühlt er sich wirklich sicher. Gerne liest er anderen aus der Bibel vor – selbst dabei muss ihm seine Frau manchmal helfen. Ein Vers, der ihn in seiner Situation besonders tröstet, stammt aus dem Johannesevangelium: „Meine Schafe erkennen meine Stimme, und ich kenne sie. Und sie folgen meinem Ruf. Ich gebe ihnen das ewige Leben und sie werden niemals umkommen. Niemand kann sie aus meiner Hand reißen.“

Alzheimer zerstört Hans-Jörg Karbes Gehirn, aber nicht seinen Glauben. „Ich weiß, dass ich mich verändert habe. Aber ich weiß auch, dass der Gott, der mich liebt, derselbe geblieben ist.“

Erika Pailer

Hoffen auf das Wunder

Februar 1989. Die Koffer sind gepackt. Familie Pailer freut sich auf den gemeinsamen Skiurlaub. Nur Daniel kann sich nicht so richtig mitfreuen. Er hat starke Kopfschmerzen. Seine Augen sehen seltsam aus – er schielt. Ein Besuch beim Arzt, zahllose Untersuchungen folgen. Dann die Diagnose: Ein tomatengroßer bösartiger Tumor sitzt am Hirnstamm im Kopf des Neunjährigen. Der Tumor ist so groß, dass er schon auf den Sehnerv drückt.

In einer siebenstündigen Notoperation kann der Tumor entfernt werden. Aber: Der Krebs ist aggressiv. Es werden weitere Metastasen in Gehirn und Rückenmark festgestellt. „Wir können nichts mehr für Ihr Kind tun", gestehen die Ärzte.

Erika Pailer und ihr Mann Norbert wollen ihren Sohn nicht aufgeben. Im Gebet, so glauben sie, liegt nun die einzige Chance. Sie setzen all ihre Hoffnungen darauf, dass Gott eingreifen kann. Gemeinsam mit Freunden und Bekannten aus ihrer Gemeinde beginnen sie für Daniel zu beten. Auch wenn die medizinische Diagnose verheerend ist, wollen sie die Hoffnung auf ein Eingreifen Gottes nicht aufgeben. Und tatsächlich passiert etwas, was die Ärzte sich nicht erklären können. Bei Daniel sind plötzlich keine Metastasen mehr nachweisbar. Ein Wunder!?

Für Norbert und Erika Pailer gibt es nur eine Erklärung: Gott hat gehandelt. Sie schöpfen neue Hoffnung, dass die Krankheit überwunden werden kann. Die starken Medikamente haben ihre Spuren bei Daniel hinterlassen. Seine strohblonden Haare sind ausgefallen. Aber mehr bleibt von der Krankheit nicht zurück.

Langsam wird das Leben wieder normal. Bald schon steht Daniel wieder stolz auf seinem Surfbrett und gleitet über die Wellen des Bodensees. Zwei Jahre lebt er fröhlich und gesund. Doch dann bricht die Krankheit erneut aus. Daniel erleidet einen Rückfall. Diesmal wächst der Tumor rasant. Wieder gerät Daniel in eine lebensbedrohliche Situation. In den Eltern wächst die Gewissheit, dass Daniel sterben muss. Fragen brechen auf: Warum diese Heilung vor zwei Jahren? War das alles nur fauler Zauber? Was ist das für ein Gott? Wie kann man sein Handeln verstehen? Zweifel. Enttäuschung. Keine Antwort. Diesmal geschieht durch Gebet ein Wunder der anderen Art: Sie lernen diesen Weg Gottes anzunehmen, eine bittere Lektion. Am 30. Mai 1991 stirbt Daniel. Er war sich sicher: „Ich gehe nach Hause zu Gott.“ Daniel ist nur 11 Jahre alt geworden.

Erika und Norbert Pailer gehen durch ein tiefes Tal. Trotz aller Fragen und tiefer Trauer halten sie an Gott fest: „Ich weiß, dass Gott im Leben von Daniel gehandelt und er ihn zu sich geholt hat, als er starb“, ist Erika Pailer überzeugt. Sie bleibt dabei: „Wenn Gott Daniels

kurzes Leben als erfülltes Leben zurückgenommen hat, dann möchte ich das akzeptieren und auch unter großem Schmerz an Gottes Liebe festhalten." In dieser Zeit hilft Erika Pailer besonders die Bibel. In den Psalmen findet sie immer wieder Texte, die ihr unter die Haut gehen und sie spüren lassen: Da sind Menschen, die Ähnliches erlebt haben. „Ein Psalm, der mich in dieser Zeit besonders angesprochen hat, ist der Psalm 23. Dort ist die Rede davon, dass ein guter Hirte mich begleitet, auch im dunklen Tal. Das haben wir mit Daniel sehr oft gebetet."

Das Gebet spielt nach wie vor eine wichtige Rolle in ihrem Leben und im Leben ihrer Familie - gerade jetzt, nach Daniels Tod. „Gebet heißt für mich einfach, bei diesem großen Gott zur Ruhe zu kommen und bei ihm zu verweilen. Und das heißt es noch viel mehr, seit Daniel bei ihm ist. Es geht weniger darum, ihm alles sagen zu können und ihm vorzutragen, was so meine Anliegen sind, sondern in seiner Gegenwart zu sein. Das genieße ich. Wenn ich daran denke, dass Daniel jetzt bei ihm ist, dann bekommt mein Leben eine ganz große Perspektive, und dann vergesse ich auch die Traurigkeit und den Schmerz."

Eine tödliche Krankheit, Gebet, eine wundersame Heilung, Hoffnung und Tod. Erika Pailer hat schier unmenschliche Höhen und Tiefen in ihrem Leben erfahren. Sie hat gehofft, gebangt, sie hat Trauer und Enttäuschung erlebt. Aber sie ist nie bitter geworden, weil sie in dieser Zeit immer jemanden an ihrer Seite hatte, mit dem sie über alles reden konnte: „Beten ist eine Lebenshaltung, kein Ritual, das ich eben ein paar Mal am Tag vollziehe. Ich lebe mit diesem Gott, und ich kann immer mit ihm in Kontakt sein. Er hört mich, er versteht mich, ich kann ihm alles sagen, und er antwortet."

Inge Westermann

Süchtig nach Liebe

Inge Westermann hat eine Kindheit wie im Bilderbuch: immer an der frischen Luft, blühende Wiesen und viele Tiere. Sie verbringt ihren Tag mit den Vierbeinern oder spielt allein, träumt einfach vor sich hin. Sie ist das jüngste von fünf Kindern, das Nesthäkchen. Aber sie wird leicht übersehen. Der Vater, ein Tischler, ist den ganzen Tag in der Werkstatt. Die Mutter muss den Haushalt allein führen.

Inge wächst einsam auf, bleibt sich immer selbst überlassen. Isoliert nimmt sie das Leben wie durch eine Glasscheibe wahr, abgeschnitten von der Außenwelt – besonders seit diesem einen Tag. Sie ist fünf Jahre alt. Sie spielten Doktor und Patient, und auf einmal wird ein Jugendlicher aus der Gegend brutal und will sie zum Geschlechtsverkehr zwingen ... Inge kann sich befreien und läuft verstört davon. Der Schock sitzt ihr tief in den Knochen, so tief, dass es im Nebel der Erinnerung versinkt. Sie schleppt diese Last mit sich herum, spricht mit niemand darüber. Die Mutter ist viel zu beschäftigt, und der Vater kommt immer erst spät am Abend nach Hause. Meistens ist er betrunken.

Mit zwölf begreift Inge, dass ihr Vater alkoholabhängig ist. Zu Hause herrscht immer dicke Luft. Die dumpfe Stimmung ist bedrückend. Inge fühlt sich schuldig und verzieht sich lieber zu den Nachbarn oder treibt sich auf der Straße herum. Sie sucht draußen Kontakte, um ihrer Familie zu entkommen. Beziehungen werden ihr zum Fluchtweg. In der Clique fühlt sie sich sehr unsicher, aber sie überspielt ihre Ängste und Schwächen perfekt. Bei ihren Altersgenossen kommt sie gut an, hier wird sie beachtet und ist anerkannt. Inge wundert sich darüber, denn sie hält nicht viel von

sich. Sie ist sich ganz sicher, dass jeder sie abstoßend finden muss, der sie näher kennen lernt. Sie leidet unter ihren Minderwertigkeitsgefühlen und schämt sich für sich selbst, für ihre Familie. Also spielt sie Theater. Sie ist überzeugt: „Wenn sie entdecken, wie ich wirklich bin, dann wollen sie nichts mehr mit mir zu tun haben.“ Deshalb schlüpft sie immer wieder in die Rolle des fröhlichen Clowns.

Doch Inge ist akzeptiert, die Jungen aus ihrer Klasse finden sie sogar hübsch. Auch wenn sie sich nicht ganz wohl dabei fühlt, setzt sie mehr und mehr auf ihr Aussehen. Mit 13 hat sie den ersten Freund. Küssen, Händchenhalten – alles okay, aber mehr nicht! Nur nicht ihr Inneres zeigen. Immer schön auf Abstand bleiben. Dann macht ihr Freund nach drei Monaten plötzlich wegen einer anderen Schluss. Inge versteht die Welt nicht mehr. Schnell sucht sie sich einen anderen Freund, den 14-jährigen Kai. Er ist der erste Junge, mit dem Inge schläft. Sie hofft, die Freundschaft dadurch zu erhalten. Doch dann trifft er sich mit anderen Mädchen. Diesmal macht sie Schluss. Bevor sie einer verlässt, geht sie lieber zuerst. Ihre Komplexe vertiefen sich, die Eifersucht auf andere Mädchen verstärkt sich. Inge gerät in eine Falle. Die Anerkennung anderer, besonders vom männlichen Geschlecht, wird ihr zum Halt, zum einzigen Lebensinhalt, zur Sucht. Rast- und ruhelos stürzt sie sich bald in die nächste und übernächste Beziehung. Inge kann nicht allein sein, sie braucht Bestätigung. Sie sucht nach Liebe, glaubt aber nicht, dass jemand sie wirklich lieben könnte.

Es folgen Jahre mit emotionalem Chaos: Immer wieder inszeniert sie dramatische Trennungsspektakel und Versöhnungsszenarien. In der Leidenschaft fühlt sie sich lebendig. Bis Ende 20 hat sie mehr als zehn feste Partner, daneben kurze, oberflächliche Affären. Zweimal wird sie schwanger, beide Male treibt sie ab. Es folgen schwere Depressionen. Inge versinkt in ihrer verworrenen Gefühlswelt: nicht allein sein können, suchen, finden, hoffen, verlieren, Schmerz und Todessehnsucht. Schließlich gerät sie in eine tiefe Krise und will sich das Leben nehmen.

Erst im Alter von dreißig Jahren stellt sie sich die Frage: „Was suchst du eigentlich?" Sie merkt, es ist etwas, was sie nicht in den Beziehungen zu anderen Menschen finden kann. Sie besucht eine Selbsthilfegruppe, in der sie lernt, bewusst als „Single" zu leben. Zum ersten Mal kommt ihr Gott in den Sinn. Sie kauft sich Bücher über Askese, New Age, Meditation, Anthroposophie und besucht entsprechende Kurse. Aber sie verfängt sich in einem religiösen Labyrinth verschiedener Lehren. Immer wieder ein anderer Weg und neue Enttäuschung: Je mehr sie sich anstrengt, desto weiter scheint sich Gott von ihr zu entfernen.

Mit 36 kann Inge nicht mehr. Sie braucht dringend eine Auszeit und fährt in den Urlaub. Die Pension, in der sie unterkommt, ist ein christliches Haus. Dort fallen ihr verschiedene Bücher in die Hände. Darin erfährt sie vom Gott der Bibel. Inge begreift, dass Gott eine Person ist und er ihr ganz nah kommt – in Jesus Christus. Sie erkennt, dass der christliche Glaube auf Beziehung angelegt ist: auf das persönliche Verhältnis zu Gott. Am 18. August 1994 geht sie auf die Knie und betet. Am Abend schreibt sie in ihr Tagebuch: „Gegen 17 Uhr habe ich, unter Tränen und Zittern, Jesus Christus gebeten in mein Herz zu kommen. (...) ‚Jesus, ich möchte mich öffnen für deine Liebe. Ich habe Angst vor deiner Nähe, Angst vor der Verantwortung, die daraus erwächst. Doch schlimmer als das, was ich bisher erlebt habe, kann es für mich nicht werden.'" Inge lernt, sich zu öffnen, ohne Angst vor Ablehnung. Heute hilft ihr der Glaube an Gott, gute Beziehungen aufzubauen. In ihren Partnerschaften suchte sie Anerkennung und Liebe – Bestätigung. Nach Jahren der Enttäuschung hat sie endlich erfahren, dass Gott sie bedingungslos annimmt: „Ich habe dich je und je geliebt ..."

Sieglinde und Klaus Ziegler

Lebensmüde

Sieglinde ist jung, hübsch und erfolgreich. Sie wird Stewardess bei einer amerikanischen Fluggesellschaft, Wohnsitz: Manhattan. 1964 heiratet sie ihre Jugendliebe Klaus. Nach der Geburt der beiden Kinder zieht das Ehepaar Ziegler zurück nach Deutschland. Kurz vor dem Umzug hat Sieglinde Probleme mit dem Gehör. Ein Arzt stellt fest, dass der Hörnerv abgestorben ist. Ein Jahr später tauchen weitere Symptome auf: Beim Tennisspiel bekommt Sieglinde plötzlich Gleichgewichtsprobleme. Sie kann den Ball nicht aufheben, fällt hin. Es folgen erneute Besuche beim Arzt, bis man die Ursache ihrer Beschwerden findet: Ein faustgroßer Gehirntumor drückt auf den Hörnerv. Sie kommt sofort ins Krankenhaus. Neun Stunden dauert es, bis der Tumor entfernt ist. Er war gutartig.

Trotzdem hinterlässt der Eingriff Spuren: Sieglinde bleibt auf dem rechten Ohr taub, sie hat keinen Gleichgewichtssinn mehr, und ihre ganze linke Körperhälfte ist gefühllos. Am schlimmsten

sind die Lähmungen im Gesicht. Die einst so hübsche Frau ist für immer entstellt. Nach der Operation muss Sieglinde Ziegler nicht nur erneut laufen lernen, sondern auch, sich selbst anzunehmen. Es dauert Wochen, bis sie sich wieder im Spiegel anschauen kann. Sie zieht sich zurück, möchte am liebsten gar nicht mehr unter Menschen sein. Niemand soll sehen, wie es ihr wirklich geht. Sie will stark sein – traut sich zu, dass sie auch mit diesem Handicap ihr Leben meistern kann. Sie weiß aber auch, dass sie jetzt auf die Hilfe ihres Mannes angewiesen ist.

Klaus Ziegler hat Erfolg im Beruf. Der promovierte Kernphysiker ist ein gefragter Fachmann, der viel arbeitet. Seine Frau ist meist alleine mit den Kindern und dem Haushalt. Sie beißt die Zähne zusammen und nimmt diese Herausforderung an – trotz ihrer Behinderung. Aber schon bald ist sie am Ende mit ihren Kräften. Beide müssen sich eingestehen, dass sie mit ihrem Leben überfordert sind. Die Krankheit, die Kinder, der stressige Beruf – das ist einfach zu viel. Klaus Ziegler wird depressiv. Sie können einander nicht mehr den Halt geben, den sie brauchen. „Unsere physischen Kräfte waren erschöpft. Wir hatten ja beschlossen, die Situation zu meistern, aber nach dreieinhalb Jahren waren wir einfach an einem Punkt angelangt, wo wir schlicht und einfach nicht mehr wussten, wie wir mit dem Leben weiterhin zurechtkommen sollen."

Weil sie keinen Ausweg sehen, beschließen sie, ihrem Leben gemeinsam ein Ende zu setzen. Klaus Ziegler plant, eine Pistole zu besorgen. Zuerst soll Klaus Sieglinde erschießen, dann die Kinder und schließlich sich selbst. Sie sind unsicher: Sollen sie die Kinder auch umbringen, oder sollen sie sie am Leben lassen – als Vollwaisen? Schließlich geben sie ihren Plan auf. Sie wollen weiterleben – der Kinder wegen.

Bis jetzt haben die Zieglers immer versucht, mit ihren Problemen alleine klar zu kommen. Doch jetzt begreift Sieglinde Ziegler, dass sie Hilfe brauchen. Aber woher soll diese Hilfe kommen? Von Gott? Der Glaube ist doch nur etwas für die Schwachen, für die, die ihr Leben nicht selbst im Griff haben – davon war Sieglinde Ziegler zutiefst überzeugt. Zu diesen Menschen zählte sie sich nie. Immer wieder geht sie in dieser Zeit an einer Kirche vorbei. Immer sind die Türen verschlossen. Eines Tages steht die Tür offen – Sieglinde geht hinein. Ein Schritt mit Folgen.

In der Kirchengemeinde findet sie Hilfe – aber anders, als sie erwartet hat. Hier findet sie Menschen, die sie ganz praktisch unterstützen. Aber das allein hilft ihr noch nicht aus ihrer tiefen Lebenskrise heraus. Der Glaube dieser Menschen, die persönliche Beziehung zu Jesus Christus, das ist es, was ihren tiefen Hunger stillt und die Verzweiflung aus ihrem Leben nimmt. Sie geht mit neuem Elan daran, ihr Leben in den Griff zu bekommen – nicht mehr aus eigener Kraft, sondern aus dem Glauben an einen Gott, der sie liebt und zu ihr steht. „Er hat mir geholfen, dass ich mich langsam wieder ausstrecken und aufrichten und eine Zukunft sehen konnte." Sieglinde Ziegler verändert sich. Das nimmt Klaus Ziegler sehr bewusst wahr. Er bleibt aber bei

seiner ablehnenden Haltung der Kirche und dem Glauben gegenüber. „Für mich als Naturwissenschaftler war Glaube nicht real. Ich musste die Dinge verstehen, ich musste etwas herleiten können."

Mit einem Glauben, der sich nicht auf etwas Sichtbares gründet, der nicht mit dem Verstand zu erfassen ist, kann er nichts anfangen. Die Distanz zwischen ihm und seiner Frau wächst. Aber Sieglinde Ziegler hält an ihrem Glauben fest und beginnt, für ihre Familie zu beten. Sie bekommen regelmäßig Besuch von einem Pastor. Mit ihm diskutiert Klaus Ziegler lange und ausführlich über den Glauben. Seine anfänglich sehr kritische Haltung wandelt sich allmählich. Nach und nach öffnet er sich. Das verändert auch sein Leben. Er findet aus seinen Depressionen heraus, die ihn über Jahre seines Lebens begleitet haben. Die Herausforderungen des Alltags, Haushalt, Kinder, der Beruf und die Krankheit von Sieglinde – das alles hat beide an den Rand ihrer Existenz gebracht. Sie haben versucht, ihr Leben und ihre Lebenskrisen aus eigener Kraft zu bewältigen, und sind daran fast zerbrochen. Heute wissen sie, wozu das gut war: Sie haben einen Glauben gefunden, der ihnen Halt, Kraft und Zuversicht gibt – in guten wie in schlechten Zeiten.

Hans-Joachim Zobel

Die Geister, die ich rief ...

Herbst 2000: Siebzehn deutsche Jugendherbergen werben für ihre Halloween-Partys – Gruselspaß mit Blutbrei, Vampirschleim und Gespensterprogramm. Hans-Joachim Zobel aus Grenzach (bei Lörrach) findet den Geisterspaß gar nicht lustig und fordert das Jugendherbergswerk auf, die Aktionen abzusagen. Die Antwort: Keine Panik, alles ganz harmlos! Hans-Joachim Zobel beruhigt das nicht. Er weiß, wovon er spricht.

Schon früh beschäftigt Hans-Joachim die Frage nach dem Sinn des Lebens. Obwohl er getauft und konfirmiert ist, scheint er im Christentum keine Antworten zu finden. Er wendet sich der Philosophie, Esoterik und fremden Religionen zu. Yoga, buddhistische Übungen und auch Feldenkrais überzeugen ihn. All das praktiziert er lange Zeit sehr intensiv und fühlt sich gut dabei.

Nach einiger Zeit aber spürt er eine starke innere Unruhe. Manuela*, eine Freundin, empfiehlt ihm eine ältere Frau aus Basel. Sie bezeichnet sich als Christin, benutzt aber für die Diagnose ein

* Name wurde geändert

Pendel. Sie behandelt ihn neben Vitaminen und Mineralstoffen auch mit Bachblüten. Die „Therapie“ zeigt Erfolg. Bei einem Mann, der allerlei Heilkräuter verkauft, ersteht Hans-Joachim ein Buch über Bachblüten. Der Händler vermittelt ihm den Kontakt zu einer Frau, die sich als „Schamanin“ bezeichnet. Auch sie kenne sich mit Bachblüten und vielem anderen aus. Statt des Pendels benutzt sie Tarotkarten.

Diese Schamanin erzählt ihm vom Belchen, einem etwa 1400 Meter hohen Berg im Schwarzwald. Er gilt als „Kraftort“, der zum Beispiel eine besondere magnetische Wirkung hat. Im Sommer 2000 verbringt Hans-Joachim eine Nacht auf dem Belchen. In den folgenden zwei bis drei Wochen fühlt er sich tatsächlich prächtig, hat mehr Energie. Und so lässt er sich am Abend des 13. September zu einem weiteren Treffen auf dem Belchen einladen. In dieser Nacht herrschen „ideale“ Bedingungen: Es ist Vollmond, und auch die Sterne stehen günstig. Gemeinsam mit Manuela macht er sich auf den Weg.

Schon auf der Hinfahrt erleben die beiden Seltsames. Hans-Joachim hat einen extremen Pfeifton im Ohr. Gleichzeitig wird seine Freundin ohnmächtig, rappelt sich aber bald wieder hoch. Auch das Pfeifen hört wieder auf. Und so nehmen sie trotzdem an dem Treffen teil. Man versammelt sich um eine Feuerstelle, isst, trinkt und hört gemeinsam indianische Musik. Irgendwann streut die Schamanin ein paar duftende Kräuter ins Feuer. Jeder erhält einen klein gefalteten Zettel mit der Aufforderung, ihn ins Feuer zu werfen. Halbherzig wirft Hans-Joachim, verfehlt das Ziel. Er lässt den Zettel liegen, weiß sowieso nicht, was das Ganze soll. Auf dem Rückweg bekommt Hans-Joachim es plötzlich mit der Angst zu tun, ohne zu wissen warum. Es ist, als ob etwas hinter ihnen her sei. Als er zu Hause im Bett liegt, fühlt er sich „wie aufgeladen“. Manuela übernachtet bei ihm. „Ich glaub', gleich kommen Lichtstrahlen aus meinen Händen“, beschreibt er ihr seinen Zustand.

Am nächsten Tag geht es Manuela nicht gut. Besorgt beschließt Hans-Joachim, diesmal bei ihr in Basel zu übernachten. Am anderen

Morgen ist Manuelas Kopf angeschwollen, „Glupschaugen“ quellen hervor. Es riecht penetrant nach Ziegenbock. Sie versucht zu sprechen, aber es ist nicht ihre Stimme. Wie im Horrorfilm. Sie suchen Hilfe bei der Heilerin in Basel. Die befragt ihr Pendel. Für sie ist der Fall klar. Dämonen haben Besitz von der jungen Frau ergriffen. Sie zelebriert ein Austreibungsritual. Kurze Zeit wirkt der Zauber, dann geht der Spuk von vorne los. Hans-Joachim weiß sich nicht mehr anders zu helfen: Er bringt seine Freundin nach Basel, in die Notaufnahme der psychiatrischen Universitätsklinik. Sie hat Höllenvisionen, ist nicht mehr ansprechbar. Zunehmend wird auch Hans-Joachim selbst von Albträumen geplagt. Eines Nachts spürt er regelrecht, wie etwas Felliges auf seine Brust kriecht und ihn fast erstickt. Im Supermarkt löst er mehrmals die Alarmanlage aus, sobald er das Drehkreuz passiert. Als ihm dann auch noch am helllichten Tag unglaubliche Gestalten begegnen und ihn fremde Menschen auf der Straße scheinbar grundlos bedrohen, ist er am Ende. Ihm ist, als ob etwas an ihm klebt, das Böses anzieht: „Entweder ich drehe durch oder ich sterbe.“

Fieberhaft sucht Hans-Joachim nach einer Lösung. „Das muss mit dieser merkwürdigen Schamanin zu tun haben“, glaubt er. Er entschließt sich, alles Schriftmaterial von ihr zu vernichten. Er fährt nach St. Chrischona. Neben der alten Pilgerkirche verbrennt er alles. In den nächsten Tagen zieht es Hans-Joachim immer wieder nach St. Chrischona. Eines Abends findet er die Kirchentür unverschlossen. Er tritt ein. In seiner Verzweiflung steht er vor den Stufen zum Altar und ruft zum ersten Mal Gott laut um Hilfe an: „Gott, ich will weder Pendeln können noch irgendeine andere besondere Fähigkeit haben, ich will ganz normal sein. Ich will, dass du mich beschützt und dass meine Freundin nicht sterben muss.“

Er muss weinen und meint, plötzlich eine Art Schutzglocke um sich zu spüren. Auf dem Heimweg hat er das beruhigende Gefühl, dass Gott ihn nun beschützt.

In der Bibel liest er, dass Gott Wahrsagerei und Zauberei verabscheut. Er entschließt sich, einen radikalen Schnitt zu machen. Stück für Stück entsorgt er die Relikte seines alten Lebens. Yoga-Literatur und verschiedene CDs landen auf dem Müll. Er will bei seiner Suche nach Sinn von nun an auf eine andere Karte setzen: Jesus.

In der Klinik erzählt er Manuela von seinen Erlebnissen und neuen Ansichten. Auch sie beginnt zu beten und wird erstaunlich schnell aus der Klinik entlassen. Richtig gut geht es ihr aber erst, nachdem auch ihre Wohnung „entrümpelt" ist. 16 große Säcke landen auf dem Müll.

Die Geistererscheinungen, mit denen Hans-Joachim zu kämpfen hat, verschwinden nicht plötzlich, aber sie werden immer seltener. Heute haben sie ganz aufgehört. Hans-Joachim weiß, wovon er spricht, wenn er andere Menschen vor einem leichtsinnigen Umgang mit übersinnlichen Kräften warnt: „Das ist kein Spaß. Hinter harmlos scheinenden esoterischen Praktiken verbergen sich Mächte, mit denen man nicht leichtfertig umgehen sollte. Das habe ich selbst erlebt." Wenn er jetzt nachts wach wird, greift er zur Bibel. Manchmal liest er zwei oder drei Stunden am Stück. „Für mich gibt es nur noch das, das macht mich glücklich, und ich weiß, dass ich von Gott beschützt werde."

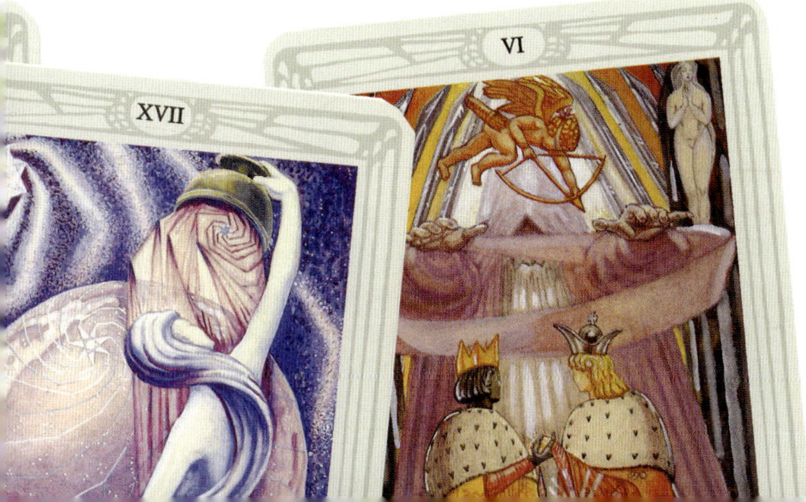

Gerald Asamoah

„Das Leben ist wie eine Pralinenschachtel“

Samstag, der 19. Mai 2001. Der letzte und entscheidende Spieltag um die Deutsche Fußballmeisterschaft. Nach dem Schlusspfiff tanzen im Gelsenkirchener Parkstadion die Fans auf dem Rasen. Mittendrin: Gerald Asamoah. Mit einem riesigen Humpen Bier in der Hand taumelt der Stürmer Richtung Kabine. Eben hat sein Verein mit 5:3 gewonnen, während die Konkurrenten von Bayern München ihr Spiel in Hamburg mit 0:1 in den Sand gesetzt haben. Der FC Schalke 04 ist Deutscher Meister, so glaubt er. Als er in die Kabine kommt, ist es dort verdächtig still. Alle starren auf einen kleinen Bildschirm. Langsam begreift er, was passiert ist. Das Spiel in Hamburg war noch gar nicht zu Ende, und den Bayern ist doch noch der entscheidende Treffer zum Ausgleich gelungen – in der Nachspielzeit. Fassungslosigkeit auf Schalke. Tränen statt Jubel. „Ich war noch nie so unglücklich“, meint Gerald.

Als Meister der Herzen gehen er und seine Mannschaftskameraden später in die Annalen der Fußball-Bundesliga ein. Ein Titel, für den man sich wenig kaufen kann. Doch Gerald erinnert das an eine Zeit, die für ihn noch trauriger war als der Verlust der Meisterschaft. Sein eigenes Herz war es, das ihn drei Jahre zuvor fast seine Karriere gekostet hätte.

Rückblick: Sonntag, der 27. September 1998. Gerald Asamoah spielt in der Zweiten Liga für Hannover 96. Sein Team führt sicher mit 3:0. Kurz vor dem Abpfiff wird er ausgewechselt. Auf dem Weg in die Kabine spürt er plötzlich einen stechenden Schmerz im Bauch. Er bleibt am Spielfeldrand stehen, krümmt sich vor Schmerzen. Ihm wird übel. Wirklich ernst nimmt er die „Wehwehchen" zunächst aber nicht. „Ich dachte, ich hätte vor dem Spiel einfach mal wieder zu wenig gegessen. Also bin ich nach dem Spiel mit den anderen feiern gegangen." Zwei Tage später lässt er sich dann aber doch vom Mannschaftsarzt durchchecken. Es wird schon nichts Schlimmes sein. „Du leidest an einer Verdickung der Herzscheidewand. Du kannst nie wieder Fußball spielen." Die Diagnose trifft ihn wie ein Schlag. „Sollte das wahr sein? Sollte meine Karriere zu Ende sein, bevor sie überhaupt richtig begonnen hat? Macht mein Leben ohne Fußball überhaupt noch Sinn?" Diese Fragen rauben Gerald kurz vor seinem 20. Geburtstag den Schlaf.

Schon als Kind war er zu Hause in Ghana oft mit seiner Großmutter in den Gottesdienst gegangen. Er liebte es, die Geschichten von Jesus zu hören, wie er sich um die Menschen kümmerte. Aber würde dieser Kinderglaube ihn auch durch die schwerste Krise seines Lebens tragen? Gerald trifft eine Entscheidung: Er will Gott vertrauen. „Ich wusste, dass Menschen mir nicht mehr helfen können, also habe ich begonnen, Gott um Hilfe zu bitten. Das war meine einzige Chance." Tag für Tag betet er. „Ich hatte keine Ahnung, was die Gebete bewirken, aber ich wusste, es ist das Beste."

Der Deutsche Fußballbund hat mittlerweile ein Spielverbot gegen Gerald Asamoah verhängt. Angesichts seines Gesundheitszustands will der Verband auf Nummer sicher gehen. Aber es gibt noch einen Hoffnungsschimmer. Geralds behandelnder Arzt verweist ihn auf Spezialisten in den USA. Dort habe man viel Erfahrung mit solchen Problemen. Sollten die Fachleute grünes Licht geben, könne er wieder spielen.

Einige Tage später sitzt Gerald in einem Behandlungsraum in Washington. Nervös wartet er auf das Ergebnis. Vielleicht hat er ja doch noch eine Chance. Und tatsächlich: „Ihr Herz ist stark genug, um weiter Spitzensport zu treiben", erklärt ihm der Chefarzt. Allerdings: ein Restrisiko werde immer bleiben. Gerald darf wieder spielen. Er ist überzeugt: „Gott hat meine Gebete erhört." Im Vertrauen auf ihn will er es wagen, trotz des Restrisikos. Aber was wird die Zukunft bringen? Wie wird seine Karriere weitergehen?

Zwei Jahre später: Dienstag, der 29. Mai 2001. Neun Stunden vor dem Anpfiff des Länderspiels Deutschland–Slowakei nimmt Teamchef Rudi Völler Gerald Asamoah beiseite: „Du spielst von Anfang an." Gerald kann das immer noch nicht so richtig begreifen. Erst die verpasste Meisterschaft, eine Woche später der Sieg im Pokalfinale und nun das erste Länderspiel. Mit zusammengekniffenen Lippen lauscht er am Abend im Bremer Weserstadion der deutschen Nationalhymne. Der erste Schwarzafrikaner im Dress der deutschen Nationalmannschaft. Gerald hat Schmetterlinge im Bauch. Als es endlich losgeht, merkt man ihm das nicht an. Blondie, wie ihn seine Kollegen scherzhaft nennen, ist der beste Mann auf dem Platz, schießt sogar ein Tor. Neben der Ersatzbank steht ein Wiederbelebungsgerät – wie bei jedem Spiel, bei dem Gerald seit Bekanntwerden seines Herzfehlers aufläuft. Für den Notfall. „Ich danke Gott, dass dieser Traum in Erfüllung gegangen ist", diktiert er den Journalisten nach dem Schlusspfiff in die Blöcke. „Ohne Gott hätte ich das alles nicht geschafft."

Geralds Karriere war bisher eine Achterbahnfahrt der Gefühle. Aber gerade die schwierigen Zeiten möchte er nicht missen: „Das hat mich näher an Gottes Liebe gebracht." Er weiß, dass das Leben nicht nur aus Höhen besteht. „Das Leben ist wie eine Pralinenschachtel, man weiß nie, was man bekommt. Aber Gott weiß, was er tut."

Martina und Sönke Lucht

Mit der Vergangenheit leben lernen

Für Martina und Sönke Lucht sollte es ein romantischer Abend werden: Wein, Kerzenschein, gutes Essen – und dann eine lange, zärtliche Nacht. Doch dann wird Martina schlagartig übel. Sie muss sich übergeben, wird von Weinkrämpfen geschüttelt. Sie kann Sönkes Berührungen nicht ertragen. Es ist nicht das erste Mal, dass so etwas passiert. Immer wieder beteuert sie, dass es nicht an ihm liegt. Er fühlt sich abgelehnt, obwohl er weiß, warum Martina so reagiert: Als Kind wurde sie jahrelang sexuell missbraucht.

Damals konnte sie nicht einordnen und benennen, was mit ihr passierte. Sie war verwirrt und hatte Angst, dass ihr niemand glaubt. Sie zog sich zurück, behielt ihre Gedanken und Gefühle für sich und lernte, nach außen hin eine perfekte Rolle zu spielen: immer stark, immer fröhlich, das „obercoole Mädchen", das von niemandem Hilfe braucht. Sie hatte nur oberflächliche Freundschaften, wollte nicht, dass jemand hinter die Fassade schaut.

Dann lernt sie Sönke kennen. Er ist der erste Mensch, dem sie sich anvertrauen kann. Unter Tränen erzählt sie ihm von der dunklen Seite ihrer Kindheit. Zum ersten Mal in ihrem Leben hört ihr jemand einfach zu und akzeptiert sie vorbehaltlos mit all ihren Emotionen. Vor der Hochzeit glauben beide nicht, dass sich der Missbrauch auf ihre Ehe auswirken wird. Aber die Verletzungen der Seele melden sich immer wieder und immer heftiger.

Martinas Gefühle fahren Achterbahn. Wenn die Bilder von

damals hochkommen, wird sie von Ekel überflutet. Besonders schlimm ist es beim Sex. Ihr Unterbewusstsein erinnert sich und setzt einen Mechanismus in Gang, den sie nicht steuern kann. Manchmal sitzt sie wie ein Kind weinend in der Ecke. Ihr Mann darf sie nicht anfassen. Sie schreit ihn an. Er muss rausgehen. Martinas Gefühlsausbrüchen stehen beide hilflos gegenüber. Sönke fühlt sich abgelehnt und überfordert. Trotzdem lässt er sie nicht im Stich. Er respektiert ihre Persönlichkeit und ihre Grenzen. Dafür ist Martina ihm unendlich dankbar. Sie weiß, dass die Situation auch für ihn oft unerträglich ist. Aber er sagt nie: „Hör auf zu spinnen", sondern er ist für sie da und bestätigt sie: „Es ist nicht deine Schuld."

Manchmal sitzen sie einfach beisammen und weinen. Die ganze Trauer bricht sich Bahn: Trauer über das Verbrechen und über die verlorenen schönen Jahre ihrer Ehe. Zur Enttäuschung gesellt sich die Wut auf den Täter.

Zwei Jahre sind sie verheiratet, als sie sich eingestehen müssen, dass es so nicht weitergehen kann. Schließlich suchen Martina und

Sönke Hilfe bei Seelsorgern. Mit ihnen gemeinsam machen sie sich auf den langen und schweren Weg der Aufarbeitung. Sie beten zusammen, bringen ihre ganze Trauer, Hoffnungslosigkeit und ihren Hass zu Gott und bitten ihn um Hilfe. Martina beginnt, Gott alles zu erzählen: jedes abstoßende Detail, alles kommt zur Sprache – die Verletzungen, ihre Wut und Hilflosigkeit, ihre Scham und ihr Ekel. Mit jedem Gefühl, jedem Erlebnis, das sie ausspricht, wird es besser. Sie spürt, dass Gott ihr Stück für Stück die Last von der Seele nimmt und die Scherben ihres gebrochenen Herzens wieder zusammensetzt. „Menschen können mir meine Ehre und Würde nicht zurückgeben, aber Gott kann es."

Zum ersten Mal in ihrem Leben kann Martina Nähe zulassen. Das erlebt auch Sönke: „Früher war sie immer sehr hart. Das hat sich komplett geändert. Sie hat ein weiches Herz bekommen. Sie kann wirklich Liebe geben und Liebe und Hilfe annehmen, viel mehr als früher. Es ist, als ob Gott die Mauer um Martinas Herz gesprengt hätte."

Noch immer kommen in Martina Erinnerungen hoch, die verarbeitet werden müssen: „Dann sträube ich mich nicht dagegen, sondern sage: Okay, Gott, machen wir weiter. Bis alles, wirklich alles, draußen ist." Ihr Herz wird immer Narben behalten, aber Martina hat in sieben schmerzhaften Jahren die wichtigste Erkenntnis ihres Lebens gewonnen: „Ich bin Gottes Kind, ich bin wertvoll. Ich kann mein Leben nicht neu schreiben, aber durch Gott kann ich mit der Vergangenheit leben."

Nassim Ben Iman

Vom Moslem zum Christen

Was treibt einen Menschen zu Selbstmordattentaten? Was ging in denen vor, die am 11. September Tausende mit in den Tod gerissen haben? Nassim Ben Iman kann diese Menschen sehr gut verstehen: „Es gab Zeiten in meinem Leben, da habe ich gelebt und gedacht wie sie. Ich habe ernsthaft geglaubt, dass Selbstmordattentate der Wille Allahs sind, dass man ihm damit eine Freude bereiten könnte."

Nassim wächst in einem arabischen Land auf. Der unerschütterliche Glaube an Allah prägt ihn von Anfang an. Sein Tagesablauf wird vom Muezzin vorgegeben, der Koran, die Gebote Allahs und die regelmäßigen Gebete bestimmen sein Leben. Trotzdem bleibt immer die Unsicherheit über das eigene Heil. Obwohl er die Gebote Allahs befolgt, weiß er: „Ich habe keine Gewissheit, ich habe lediglich die Chance, dass Allah mir in letzter Minute freundlich gesonnen ist und mich, weil ich ein guter Moslem war, ins Paradies lässt." Er spürt diese Unsicherheit, trotzdem fügt er sich in die Glaubenswelt des Islam, so wie es von ihm erwartet wird. Ein Leben als Moslem in einer moslemischen Familie – Nassim kennt nichts anderes, und er kann sich auch nichts anderes vorstellen.

Dann wandert er mit seinen Eltern nach Deutschland aus. Hier begegnet er zum ersten Mal dem so genannten christlichen Abendland. Vieles ist ihm fremd. Frauen in sommerlicher Kleidung, mit kurzen Röcken und schulterfreien Tops – in Nassims Augen ist das eine Beleidigung Allahs und ein Zeichen für eine zutiefst gottlose Gesellschaft ohne jede Moral. Nassim ist schockiert. Er meidet die Gesellschaft dieser Menschen, verbringt viel Zeit zu Hause.

Auch in der Fremde lebt er in seiner Familie nach den Regeln des Korans. Nur in der Schule hat er Kontakt zu gleichaltrigen Deutschen. Über einen Klassenkameraden lernt er schließlich jemanden kennen, der wirklich an den Gott der Christen glaubt. Mit ihm führt er schier endlose Diskussionen über den richtigen Glauben, die richtige Religion. Nassim will seinen neuen Freund zum Islam bekehren. Mit unzähligen Fragen bombardiert er den Christen – mit noch mehr Fragen geht er jedes Mal von diesen Gesprächen wieder nach Hause. Besonders ein Gedanke fasziniert und verwirrt Nassim: Die Christen sprechen von einem gnädigen Gott und davon, dass man sich den Himmel nicht verdienen kann. Für sie ist Jesus Christus der sichere Weg zum ewigen Leben. Er kommt ins Zweifeln: „Reicht das, was ich im Islam habe, tatsächlich aus, um ewiges Leben zu erlangen, oder ist das, was Jesus mir bietet, der richtige Weg?"

Nach vielen langen Gesprächen muss Nassim sich eingestehen, dass sein eigenes Weltbild ins Wanken gerät. „Ich sah, dass diese Menschen ihren Glauben ernst nehmen und wirklich eine Beziehung zu Gott und zu Jesus haben."

Allein die Lebensberichte der Christen, die er hört, bewirken bei ihm eine innere Veränderung. „Tief in mir drin wusste ich plötzlich: Das ist der Weg. Jesus anzunehmen und durch Jesus eine Beziehung zu Gott zu gewinnen, das ist der Weg der Erlösung und des ewigen Lebens."

Nassim beginnt, regelmäßig in der Bibel zu lesen und zu beten – vorerst aber nur im Geheimen. Vor allem seine Eltern sollen nichts von seinem neuen Glauben mitbekommen. Wenn er sich jetzt als Christ bekennt, fliegt er zu Hause raus, das ist klar. Dafür ist es einfach noch zu früh. So oft es geht, besucht Nassim einen Gottesdienst. Hier trifft er auf Christen, die ihn in seinem jungen Glauben stärken und begleiten. Aber so richtig wohl fühlt er sich nicht. Mit der Zeit spürt er eine Enge, die ihm unangenehm bekannt vorkommt. Alles ist reglementiert und organisiert. Andere sagen ihm, was er tun und was er lassen soll. Das gefällt ihm nicht. Er hat die gleichen Gefühle wie früher in der Moschee. Enttäuscht wendet er sich vom Christentum ab. Sein Fazit: „Es war doch alles nur Einbildung."

Demonstrativ wendet er sich wieder dem Islam zu, besucht die Moschee, liest im Koran. Aber so ganz lässt ihn dieser Jesus nicht in Ruhe. Er beginnt wieder, in der Bibel zu lesen. Er betet zu Jesus, und er entscheidet sich ein zweites Mal, als Christ zu leben. Diesmal ist die Entscheidung für ihn endgültig.

Wenig später bekennt Nassim vor der Familie: „Ich bin Christ geworden." Ein Schock. Jetzt bricht ein offener Streit aus. Die Familie hat ihren Sohn an den Gott der Christen verloren. Für Nassim hat das ernste Konsequenzen: Die Familie lässt ihn fallen. Er wird beschimpft, gedemütigt und aus dem Familienkreis verstoßen. Aber Nassim lässt sich nicht beirren. Er will diesen neuen Glauben nie wieder loslassen. Daran hält er fest – trotz aller Widerstände. Er weiß, er hat durch Jesus Christus seinen Weg zu Gott gefunden. Heute ist er sich sicher, dass er in den Himmel kommt – nicht weil er selbst gut genug ist, um vor Gott bestehen zu können, sondern weil er an Jesus Christus und an seine Erlösung glaubt.

Marion Klug

Ein Gruß an Papa

Wenn die Kinder endlich im Bett liegen und Marion Klug nach einem stressigen Arbeitstag zur Ruhe kommt, dann wünscht sie sich manchmal jemanden zum Reden. In solchen Momenten vermisst sie ihren Mann und denkt zurück an den letzten gemeinsamen Urlaub.

Wie jedes Jahr hatten sie sich in ihr kleines Apartement zurückgezogen, in dem sie schon die Flitterwochen miteinander verbrachten. Manchmal konnte Marion ihr Glück kaum fassen. Früher hatte sie immer wieder von einem Leben mit Alexander geträumt. Die beiden kannten sich schon seit der Schule. Früher waren sie gemeinsam kiffend und koksend durch Bars und Diskotheken gezogen. Mit Anfang 20 verschieben sich Marions Prioritäten. Ein Arbeitskollege erzählt ihr von seinem Glauben. Sie ist tief beeindruckt, beginnt in der Bibel zu lesen. Als ihr schließlich in der Bank gekündigt wird, beginnt sie eine theologische Ausbildung.

Gleichzeitig wächst in ihr der Wunsch, dass auch Alexander diesen Glauben entdecken kann, der jetzt ihr Leben prägt. Eines Tages klingelt ihr Telefon. Es ist Alexander. Er will sie sehen. Sie treffen sich zum Essen. Oft schon haben sie über Gott gesprochen. Doch Alexander interessierte sich mehr für das leichte Leben und schöne Frauen. Jetzt steckt er in der Krise. Er merkt, dass ihn das alles nicht glücklich macht. Marion führt ein einfaches Leben. Aber sie ist glücklich. An diesem Tag trifft auch er die Entscheidung, als Christ zu leben.

In den folgenden Jahren muss Marion sich eingestehen, dass sie für Alexander mehr als nur Freundschaft empfindet. Doch sie findet sich selbst nicht besonders aufregend. Warum sollte sich Alexander für sie interessieren? Es erscheint ihr wie ein Wunder, als ihr Traumprinz anfängt, um sie zu werben. 1989 heiraten die beiden. Sie ziehen in die alte Villa seines Vaters am Wiesbadener Stadtrand. Als sich das erste Kind ankündigt, bricht Alexander sein Studium ab. Er baut eine Hausverwaltung auf und hat Erfolg. Es geht ständig bergauf. Die Klugs führen ein angenehmes Leben, den Porsche vor der Tür. Das Familienleben kommt dabei manchmal etwas zu kurz. Zeiten wie der gemeinsame Spanienurlaub im Herbst 2000 sind den beiden deshalb besonders wertvoll. Damals ahnen

sie noch nicht, dass es ihr letzter sein soll.

Einige Wochen später: Marion ist auf dem Weg in die Badewanne, als Alexander mit vollen Tüten vom Weihnachtseinkauf zurückkehrt. Er setzt sich zu seiner Frau auf den Rand der Badewanne, um noch etwas mit ihr zu plaudern. Während sie wohlig ins heiße Wasser eintaucht, steht plötzlich sein Herz still. Er sinkt in ihre Arme und ringt nach Luft. „Hab' keine Angst“, ruft Marion immer wieder. „Ich liebe dich!“ Alexander atmet nicht mehr. Es erscheint ihr wie eine Ewigkeit, bis der Notarzt eintrifft. Der Krankenwagen nimmt ihn mit. „Wird er es schaffen?“, fragt Marion. „Es sieht schlecht aus“, lautet die Antwort.

Die Kinder sitzen nichts ahnend auf dem Sofa vor dem Fernseher. Marion will nicht, dass sie ihren Papa so sehen. Sie dürfen weitergucken. Eine Bekannte passt auf sie auf, während Marion Klug gemeinsam mit Freunden ins Krankenhaus eilt. Zwei Stunden später steht sie am Bett ihres Mannes: Er ist tot. Sie fühlt sich wie vor den Kopf geschlagen. Dann kommt ihr ein altes Kirchenlied in den Sinn: „Welch Glück ist's, erlöst zu sein ...“ Sie singt ohne Stimme.

Zu Hause wartet auf sie der schwerste Moment ihres Lebens. Ihre Kinder müssen es erfahren. „Papa ist tot. Sein Herz hat aufgehört zu schlagen“, sagt sie und fügt hinzu: „Er ist bei Jesus.“ Sie schreien, weinen. Marion Klug drückt ihre Kinder ganz fest an sich.

In den Nächten bis zur Beerdigung findet sie keinen Schlaf. Die Kinder suchen ihre Nähe, schlafen Abend für Abend erschöpft im Ehebett ein. Nur Mama passt nicht mehr hinein. Sie sucht Zuflucht in der Küche. Schreibt sich ihre Gefühle von der Seele. Und sie singt – Kirchenlieder, Glaubenslieder. Manche fünfzigmal, immer wieder, bis ihre Seele mitsingen kann. In diesen Momenten erlebt sie, dass dieser Jesus, auf den sie in guten Zeiten ihr Vertrauen setzte, sie auch in den bitteren Stunden nicht alleine lässt.

Doch Marion Klug muss nicht nur mit ihrer Trauer fertig werden. Was wird aus der Firma ihres Mannes? Steuerberater und Anwalt raten ihr, die Hausverwaltung weiterzuführen. Eine Aufgabe, die sie sich niemals freiwillig ausgesucht hätte. Sie versteht nur wenig von diesem Geschäft. Sie weiß noch nicht einmal, wie viele Häuser die Firma überhaupt verwaltet. Trotzdem entschließt sie sich, mit einem befreundeten Ehepaar eine neue Firma zu gründen.

Heute ist Marion Klug nicht mehr die Ehefrau eines erfolgreichen Mannes, sondern Geschäftsfrau, allein erziehende Mutter und Witwe. Manchmal fragt sie jemand: „Wie geht es dir?" Dann antwortet sie: „Mal so, mal so." „Und was überwiegt?" „Es überwiegen Glück und Segen, manchmal unter Tränen. Wie gut, dass mein Glück nicht von einem erfolgreichen Mann, einem Porsche oder hübschen Kindern abhängt. Mein Glück ist es, zu Gott zu gehören." Das will sie auch ihren Kindern vermitteln. „Kann Papa mich hören, wenn ich bete?", wollte ihre Tochter wissen. „Nein, mein Schatz, Papa ist tot. Er kann nicht mehr hören. Aber er ist bei dem, der uns sieht und hört." Die Tochter überlegt und lächelt: „Okay, Gott, dann sag ihm einen schönen Gruß von mir. Uns geht's gut."

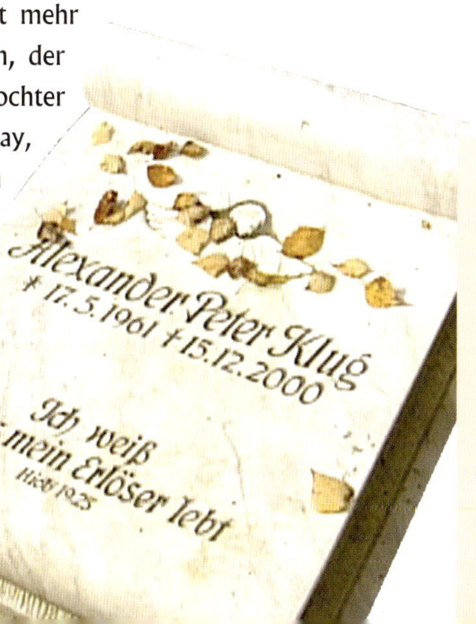

Lorenz Schwarz

„Wenn ich heute sterben müsste …"

Aus dir wird nie was Richtiges!" Immer wieder muss Lorenz Schwarz an diese Worte seines Vaters denken, während er seine Sachen packt. Aber sein Entschluss steht fest. Er will weg. Jahrelang ist er nur der Viehhirt gewesen, der in den Bündner Bergen die Ziegen hütet. Das Einzige, was ihm Selbstvertrauen gibt, sind seine Auftritte in Wirtshäusern. Mit Jodeln und Singen verdient er sich ein paar Franken – und die Anerkennung, nach der er sich sehnt. Und dann steht sie eines Abends plötzlich vor ihm, dieses Mädchen aus der Stadt, das ihm bewundernd zuhört. Sie sieht mehr in ihm als nur einen Viehhirten. Die beiden werden ein Paar. Gemeinsam mit ihr wagt Lorenz in Zürich einen neuen Anfang. Er nimmt eine Lehrstelle als Elektroinstallateur an. Er vermisst die Berge, aber er ist so glücklich wie nie zuvor. Seine Verlobte, sein Job: Sie geben ihm endlich Selbstvertrauen und die Hoffnung auf eine schöne Zukunft zu zweit.

Diese Träume platzen, als seine Verlobte ihm plötzlich verkündet: Ich liebe einen anderen. Sie löst die Verlobung, gibt ihm den Ring zurück. Lorenz Schwarz hatte es geahnt. Er gehört zu den Verlierern im Leben, und das wird sich auch nicht ändern. Kein Wunder, dass er seine Verlobte verliert: Was kann er ihr schon bieten? Er trinkt zu viel, ist nervös und wird schnell jähzornig. Jetzt muss er den Preis dafür zahlen.

Der nächste Tiefschlag lässt nicht lange auf sich warten. Sein Ausbildungsbetrieb kann ihn nach dem Ende der Lehrzeit nicht übernehmen. Lorenz ist arbeitslos und endgültig am Ende. Er glaubt nicht mehr an sich. Versagt! Sein Vater hatte also doch Recht. Lorenz lädt

seine Armeewaffe. Doch es gelingt ihm nicht abzudrücken. Er steigt aus seiner kleinen Wohnung aufs Dach und will vom sechsten Stock in die Tiefe springen. Aber auch das schafft er nicht. Lorenz Schwarz weiß einfach nicht, was ihn daran hindert, sich das Leben zu nehmen. Feigheit, Angst, ein übernatürliches Eingreifen? Er kratzt sein letztes Geld zusammen und zieht damit ins Zürcher Vergnügungsviertel. Hier will er sich neuen Mut antrinken. Unterwegs sprechen ihn zwei junge Mädchen an. Sie laden ihn zu einem christlichen Film ein, aber Lorenz will mit Glaube und Kirche nichts zu tun haben. Sonntags in die Kirche zu gehen ist in Ordnung, aber mit seinem Leben hat das herzlich wenig zu tun. Er ist überzeugt davon: Dieses fromme Gerede kann ihm jetzt auch nicht mehr helfen. Am Ende siegt aber doch die Neugier. Er lässt sich überreden.

Da sitzt er nun in einer dunklen Ecke und starrt auf die Leinwand. Sein Herz ist wie versteinert. Nur mühsam kann er der Handlung des Films folgen. Dann fällt ein Satz, der ihn wie ein Pfeil mitten ins Herz trifft: „Wenn du heute stirbst, bist du bereit, Gott zu begegnen?" Die Worte hämmern in seinem Kopf. Immer und immer wieder hört er diese Frage. Wie benommen kehrt er in seine Wohnung zurück. Das Gewehr steht immer noch geladen in der Ecke. Aber diese Frage lässt ihn einfach nicht mehr los. Ihm ist klar: „Wenn ich heute sterbe und dieser Gott wirklich existiert, dann kann ich ihm nicht begegnen, weil ich nicht an ihn glaube." Er stellt seine Waffe zurück in den Schrank.

In den folgenden Monaten denkt er viel über sein Leben nach. Was hat das alles eigentlich für einen Sinn? Feiern, Jodeln, Trinken – ist das alles? Ausgerechnet in dieser Zeit begegnet er immer wieder Christen. Sie erzählen ihm von der Möglichkeit, mit Jesus ein neues Leben zu beginnen. Aber Lorenz kann nicht glauben, dass Gott ihm noch eine Chance geben würde. Er hat nie an ihn geglaubt, er hat ihn verspottet. Auch vor Gott fühlt er sich als Versager. „Es gibt keine Gnade, es gibt keine Gnade!“, ruft er unter Tränen.

Wenig später sitzt er wieder in einer christlichen Veranstaltung. Gespannt lauscht er dem Lebensbericht eines ehemaligen Schwerverbrechers und Bandenführers. Als dieser Mann behauptet, dass Gott niemanden ablehnt, der seine Vergebung in Anspruch nimmt, schlägt das bei Lorenz ein wie eine Bombe. „Der war ja noch schlimmer als ich.“ Ihm wird klar: „Wenn so einer Gnade erlebt hat, dann kann ich das auch.“ Zum ersten Mal ahnt er an diesem Abend, was echte Vergebung bedeutet.

Wer Lorenz Schwarz heute begegnet, spürt, dass der Glaube, den er an jenem Abend fand, ihn völlig umgekrempelt hat. Keine Spur mehr von Jähzorn und Minderwertigkeitsgefühlen. Aus dem verunsicherten Jungen von einst ist ein echtes Original geworden – mit dem Mut, Neues auszuprobieren. Er ist bereits 44, als er sein Talent für das Alphornspielen entdeckt. Schon bald kreiert er seinen eigenen Musikstil: Gospel-Songs auf dem Alphorn. Dabei begleitet er sich selbst auf der Westerngitarre. Für die Passanten in der Fußgängerzone ist das eine echte Sehenswürdigkeit. Zwischen den Stücken erzählt er den Zuhörern seine Geschichte: die Geschichte eines Mannes, der sich viele Jahre als Versager fühlte und heute davon überzeugt ist, in Gottes Augen ein ganz besonderer Mensch zu sein. Eben ein Original.

Lorenz Schwarz ist heute als freischaffender Musiker und Evangelist im In- und Ausland tätig. Seine Biographie in Buchform sowie eine Musik-CD/MC können bei ihm unter folgender Adresse bestellt werden:

Lorenz Schwarz, Schmidbergstr. 35
CH-9630 Wattwil, Tel. (+41) 71 985 09 51.

Dorothe Kleine-Ruse

Langsam aus der Welt verschwinden

Dorothe Kleine-Ruse steht auf einer Autobahnbrücke. Unter ihr rauschen die Autos vorbei. Sie ist gerade neun Jahre alt, und sie will ihrem Leben ein Ende setzen. Sie hat das Gefühl, nicht geliebt, nicht gewollt zu sein. Keiner liebt sie. Nach außen lässt sie sich das nicht anmerken, da ist sie das aufgeweckte, pflegeleichte Kind. Aber innerlich ist sie verzweifelt. Auch wenn ihre Eltern versuchen, ihr ihre Liebe zu zeigen – Dorothe kann sie einfach nicht annehmen. Das Einzige, was sie davon abhält, von der Autobahnbrücke zu springen, ist ihr kindlicher Glaube an Gott. Sie denkt: Wenn er mich gemacht hat, dann muss das alles auch zu etwas gut sein, dann darf ich nicht einfach springen.

Dorothe ist das jüngste von sechs Kindern, ihre Geschwister sind viele Jahre älter. Als Dreijährige beginnt sie zu stottern. Sie, das Nesthäkchen, fühlt sich zu Hause immer wieder ausgeschlossen. Die großen Geschwister dürfen abends länger aufbleiben, sie muss zeitig ins Bett. Aber erst nach 19 Uhr, wenn auf dem elterlichen Bauernhof alle Tiere gefüttert sind, geht das Familienleben so richtig los. Sie kann

hören, dass im Wohnzimmer geredet und gelacht wird. Sie liegt allein im Bett. Vielleicht ist es gut, wenn du nicht dabei bist, denkt sie. Du stotterst, das stört vielleicht. Sie weint sich oft in den Schlaf, hat keinen, mit dem sie darüber reden kann. Nur Gott erzählt sie von ihrer Trauer.

Als Kleinste ist sie abhängig von den Großen. Die wissen alles besser und können schon so viel. Sie hat ständig das Gefühl, immer nur zu nehmen und den anderen nie etwas zurückgeben zu können. Sie glaubt, für die anderen nur eine Last zu sein, auch wenn die ihr das nie sagen oder zeigen. Sie will es immer allen recht machen, das tun, was die anderen von ihr erwarten. Das Einzige, worüber sie selbst bestimmen kann, ist das Essen.

Es beginnt mit dem Wunsch, ein bisschen schlanker zu sein. Sie ist 14, und hautenge Röhrenjeans sind der letzte Schrei. Sie wiegt 57 Kilo bei 1,63 Meter. Sie lässt die Süßigkeiten weg, drückt sich vor dem Abendessen und wiegt bald nur noch 50 Kilo. Sie ist zufrieden. Irgendwann zeigt die Waage 49 Kilo.

Ihr Essverhalten und ihre Minderwertigkeitsgefühle gehen eine verhängnisvolle Allianz ein. Sie steigert sich weiter in die Magersucht hinein. Zwei Jahre später isst sie von Äpfeln nur noch das Faule. Sie ist überzeugt davon, dass das Gute nicht für sie gewachsen sein kann. Im Wohnzimmer sitzen, ein schönes Buch lesen, eine warme Dusche – das tut zu gut, als dass sie es sich gönnen dürfte. In der Schule zählen nur noch Einser.

Dorothe zieht sich von ihren Freundinnen zurück und wird zur Einzelgängerin.

Sie quält sich immer weiter, um noch mehr Kalorien zu verbrauchen. In der Kirche sitzt sie nur auf dem Steißbein, hält die Beine über dem Boden und die Arme leicht von sich gestreckt. Warum sie das alles gemacht hat, ist ihr heute erst so richtig bewusst: „Eigentlich wollte ich sterben. Ich wollte keinem mehr zur Last fallen und deswegen langsam aus der Welt verschwinden."

Ihre Eltern merken zwar, dass etwas nicht stimmt, aber sie sind hilflos. Sie informieren sich über Behandlungsmöglichkeiten, sprechen mit Bekannten, beten – aber Dorothe lässt niemanden mehr an sich heran. Mit Verachtung sieht sie auf andere Menschen herab, die ihren Appetit nicht zügeln können. Sie hat sich im Griff, sie ist stark. Wenn andere ausgiebig zu Abend essen, macht sie sich aus einer Cocktailtomate und viel Essig einen Tomatensalat. Niemand traut sich, etwas gegen ihre Essgewohnheiten zu sagen.

Mit 40 Kilo hat sie den ersten Zusammenbruch. Als sie nur noch 31 Kilo wiegt, beschließt sie, aufzuhören. Sie will wieder anfangen zu essen – aber es ist zu spät. Ihr Magen kann nichts mehr aufnehmen. Sie ist 17 Jahre alt – und körperlich am Ende. Sie wird ins Krankenhaus eingeliefert. Ein Arzt führt sie seinen Studenten vor – als abschreckendes Beispiel. Er ist sicher, dass Dorothe nur noch wenige Stunden zu leben hat.

Aber sie bleibt am Leben und nimmt wieder zu. Als sie wieder 42 Kilo wiegt, entlässt sie sich selbst aus der Klinik. Geheilt ist sie aber noch nicht. Sie lässt sich in eine christliche Therapieeinrichtung einweisen. Der Gott aus ihrer Kindheit ist in dieser Zeit ihr einziger echter Halt.

Im Verlauf dieser Therapie ändert sich nicht nur ihr Essverhalten, sondern auch ihr Verhältnis zu Gott, den Mitmenschen, ihrer Familie und zu sich selbst. Sie erlebt, dass Gott sie nie fallen lässt. Sie gesteht ihm, dass sie nicht mehr weiter weiß, nichts zu bieten hat. „Ich musste mich ihm ganz anvertrauen, aus eigener Kraft konnte ich nichts mehr tun. Ich hatte nur noch Gott, sonst nichts mehr", beschreibt Dorothe ihre Gefühle.

Früher hatte sie oft Schuldgefühle gegenüber Gott. Sie dachte, seinen Ansprüchen und Erwartungen nicht gerecht zu werden. Doch in der Therapie merkt sie: „Ich muss gar nichts tun, nichts leisten, um von ihm geliebt zu werden. Er schenkt mir seine Liebe einfach so, ich muss sie nur annehmen. Ein unglaubliches Gefühl." Diese Erkenntnis krempelt ihr Leben um. Nun kann sie endlich auch von Menschen wieder Liebe annehmen.

Heute ist Gott für sie nicht mehr unerreichbar, sondern im Alltag erlebbar, ansprechbar für ihre Fragen, und er hilft ihr bei Entscheidungen. Das Gefühl, geliebt und angenommen zu sein, hat Dorothe nachhaltig verändert. Sie ist aktiv geworden, ist stolz auf ihre große Familie, hat eine ansteckende, lebensbejahende Ausstrahlung. Nichts erinnert mehr an die zwanghafte Einzelgängerin von damals.

Seit einigen Jahren ist Dorothe Kleine-Ruse gesund. Heute berät sie selbst betroffene Mädchen und Familien. Hier hat sie öfter Gelegenheit, von dem zu berichten, der ihr selbst wieder Lebensmut und Selbstvertrauen gegeben hat: von Gott.

Andy Baltaks

„Ich bin reich!“

Andy Baltaks, 61 Jahre, sagt: "Ich bin reich. Ich habe tausend Freunde überall in der ganzen Welt und ein 1000-Sterne-Hotel in der Wüste." Sechzehn Jahren lang war er in über 120 Ländern der Erde unterwegs – ohne jede finanzielle Absicherung. Begonnen hat er seine Reise mit zehn Dollar in der Tasche. Sein Reiseziel: Menschen von dem Gott erzählen, der sein Leben verändert hat.

Australien in den 50er Jahren. In der Stadt findet eine große christliche Versammlung statt, viele sind gekommen, um einem Prediger zuzuhören. Unwillig sitzt der 15-jährige Andy zwischen seinen Eltern in der Menschenmenge und blickt nach vorne. Doch dann staunt er. Da erzählt einer vor allen Leuten, dass er früher ein Dieb war – bis er Jesus Christus kennen lernte. Andy schluckt: Was der Mann sagt, fährt ihm durch Mark und Bein. Auch er hat gestohlen, ein paar Mal schon. Und schließlich betet Andy zu diesem Gott, der verspricht, sich um ihn zu kümmern. Andy hält das für eine schwierige Aufgabe; er weiß, er ist ein schwieriger Fall: Vor einiger Zeit hat ihn die Polizei nach Hause gebracht und angedroht, ihn in eine Besserungsanstalt zu schicken.

Kurz nach der Mittleren Reife – er schafft gerade so den Abschluss – fliegt Andy von der Schule. Trotzdem bekommt Andy eine Lehrstelle in einer Bank. Viele Scheine gehen hier durch seine Hände. Früher hätte er zugegriffen, aber jetzt hat das Geld für ihn seine anziehende Wirkung verloren.

Nach ein paar Jahren beschließt er, das Abitur nachzuholen. Er schafft es sogar mit guten Noten. Das bringt ihm ein Stipendium ein: Er entscheidet sich, Theologie und Pädagogik zu studieren. Nach dem Studium arbeitet er drei Jahre als Lehrer. Andy ist verblüfft darüber, wie Gott Wort hält. Er hat eine gute Ausbildung, einen tollen Job – es mangelt ihm an nichts. Ist er zum Streber geworden, oder hat Gott gehandelt? Seine Kumpels aus der damaligen Gang sind mittlerweile alle im Knast gelandet.

Mit 25 verspürt er einen erneuten Abenteuer-Drang: Andy will hinaus in die Welt und den Menschen von Jesus Christus erzählen. „Ich habe so viele Freunde auf der Welt, die mich noch nicht kennen!" Er gibt seinen Job auf und macht sich mit Rucksack und Daumen im Wind auf den Weg. Ohne Anstellung, ohne Krankenversicherung. Andy Baltaks ist unsicher, ob ihm auch die nötige Versorgung auf dem Fuß folgt. Doch sein Gottvertrauen ist stärker als seine Zweifel.

Zuerst geht es nach Europa und Afrika. Er verdient sein Geld als Obstverkäufer, Autowäscher, Nachtwächter. Auf seiner Route reist er nicht nur auf dem Landweg per Anhalter. Er schwimmt zu Yachten und fragt nach einer Mitfahrgelegenheit. Nebenbei missioniert er, wann immer er mit Leuten ins Gespräch kommt. Er schläft am Strand, wird beklaut, aber er hat immer etwas zum Anziehen, genug zu essen und zu trinken. Er lernt immer wieder neue Freunde kennen, die begeistert sind von seinem Glauben, einen Imbiss übrig haben oder ihm ein Zugticket spendieren. 1969 wird er bei einer Drogenrazzia in Tunesien mit hebräischer Literatur erwischt und der Spionage für den israelischen Geheimdienst verdächtigt. Der britische Konsul holt ihn aus dem Knast. Wieder macht Andy die Erfahrung: Gott lässt ihn nicht im Stich. Er bleibt nie länger als ein paar Monate an einem Ort.

Mit „Zwischenstopp" in Indien landet er in Südamerika. Seine Jobs werden immer anspruchsvoller. Weil er inzwischen mehrere Fremdsprachen beherrscht, arbeitet er als Übersetzer für Ärzte in einem Eingeborenen-Dorf oder als Reiseleiter für reiche Touristen. In der Highsociety verdient er an manchen Tagen allein mehr als tausend Dollar Trinkgeld. Aber das hält den Weltenbummler nicht auf. Wenn er genug Geld hat, zieht er weiter. Je mehr er erlebt, dass Gott ihn versorgt, umso eher kann er seinen Besitz loslassen. Er zieht nach Norden in die USA, wechselt in den sozialen Bereich: Drogenarbeit in San Francisco, dann wieder Europa, Berlin. Und zwischendurch ist er als Wanderprediger tätig. Das Evangelium lässt Andy Baltaks nie aus den Augen.

Aber das Leben als missionierender Tramper hat auch seine Schattenseiten. Ständig auf Achse scheut er dauerhafte Beziehungen und feste Freundschaften. Immer wieder heißt es Abschied nehmen, Menschen zurücklassen, die ihm ans Herz gewachsen sind. Das soll jetzt anders werden. Nach sechzehn Jahren Vagabundenleben kreuz und quer über den Globus wird Andy Baltaks zum Heimkehrer – mit leeren Taschen, aber übervollem Herzen.

In den 80er Jahren lässt er sich in Deutschland nieder. Hier wird er Pastor und gründet mehrere Gemeinden. Er heiratet. Andy Baltaks fühlt sich lebenssatt, aber immer noch jung, denn seine Reiselust hat er sich bewahrt.

Andy Baltaks ist heute kein reicher Mann, zumindest was sein Bankkonto betrifft. Es ist eine andere Art von Reichtum, die ihn erfüllt: „Alles, was ich brauche, passt in einen einzigen Rucksack. Ich lebe aus dem unerschöpflichen Reichtum, den Jesus schenkt."

Simone Freudemann und Heike Erwin

„Ich schenk' dir meine Niere“

Langsam schlägt Heike die Augen auf. Nach der Narkose ist sie noch ziemlich schwach. Um sie herum Dutzende von Kabeln, Schläuchen und Maschinen. Sie sieht Jim, ihren Verlobten. Er lächelt sie an. Neben ihm steht ein Arzt. „Sie haben die Operation gut überstanden. Die neue Niere arbeitet.“ Nach und nach wird ihr klar, was das bedeutet. Nie wieder Blutwäsche an der Dialysemaschine.

Zur selben Zeit im Nebenzimmer: Auch Heikes Freundin Simone kommt wieder zu Bewusstsein. Ihr ist schlecht. Doch sie ist froh, dass es geklappt hat. Simone hat jetzt nur noch eine Niere. Die andere hat sie ihrer Freundin Heike gespendet.

Eigentlich war Heike Erwin immer kerngesund. Sie ist Anfang 20, als sie zum ersten Mal Gelenkschmerzen spürt. Doch die Ärzte

finden keine Ursache. 1991 geht es dann innerhalb weniger Monate rapide bergab. Sie verliert massiv an Gewicht, hat Ausschlag und wird immer schwächer. Schließlich bekommt sie hohes Fieber und landet in der Klinik. Der Anfangsverdacht auf Aids bestätigt sich nicht, dann steht der wahre Grund fest: systemischer Lupus Erythematodes, eine so genannte Autoimmunerkrankung. Ihr Immunsystem bekämpft den eigenen Körper.

Während ihres langen Krankenhausaufenthaltes freundet sie sich mit einer Krankenschwester an. Abends sitzen sie oft zusammen und reden. Die Schwester erzählt ihr von ihrem Glauben. „Du brauchst Jesus“, sagt sie. „Egal, ob du lebst oder stirbst.“ Irgendwie hat Heike ja immer an Gott geglaubt. Hin und wieder ist sie sogar in die Kirche gegangen. Jetzt beginnt sie, in der Bibel zu lesen, forscht nach Antworten auf ihre Lebensfragen. Als sie aus der Klinik entlassen wird, versucht sie ein besseres Leben zu führen, den ethischen Maßstäben der Bibel gerecht zu werden. „Theoretisch war mir klar, dass Jesus für mich am Kreuz gestorben ist. Ich hab' das auch geglaubt. Aber es hat sich nicht wirklich etwas verändert.“

Sechs Jahre lang kann Heike mehr oder weniger gut mit ihrer Krankheit leben. Doch sie wird immer unzufriedener. „Ich spürte, mir fehlt etwas.“ Dann erleidet sie einen erneuten Krankheitsschub: Ihre Nieren versagen. Der Körper droht sich selbst zu vergiften. Heike wird zur Dialysepatientin. Dreimal wöchentlich wird sie für mehrere Stunden an die künstliche Niere angeschlossen. Monatelang liegt sie im Krankenhaus. Wieder trifft sie sich regelmäßig mit der Krankenschwester von damals. Und auch ihre Zimmergenossin ist eine gläubige Frau. Heike nutzt die Zeit, um wieder intensiv in der Bibel zu lesen. Und sie sucht das Gespräch mit der Klinikseelsorgerin. „Als ich aus dem Krankenhaus raus war, wusste ich, es muss sich was ändern. Ich wollte mit dem Glauben ganze Sache machen."

Sie besucht einen Bibelgesprächskreis und bekommt so Kontakt zur Baptistengemeinde in Kirchheim/Teck. Dort spricht sich bald herum, dass Heike regelmäßig zur Dialyse muss. Es wird viel für sie gebetet. Auf einer Gemeindefreizeit im Mai 2000 teilt Heike ihr Zimmer mit Simone Freudemann. Die beiden verstehen sich gut. Heike erzählt von ihrer Krankheit. Bald kommen sie auf das Thema Organtransplantation. Simone weiß: Jeder gesunde Mensch hat zwei Nieren, braucht aber nur eine. Heike steht zwar auf einer Transplantationsliste, aber es kann dauern, bis das passende Organ gefunden wird. In der Familie kommt niemand in Frage. Ihr Vater hat die gleiche Blutgruppe, kann aber nicht helfen, weil auch eine seiner Nieren nicht richtig arbeitet. „Was hast du denn für eine Blutgruppe?", fragt Simone. „Null Rhesus positiv." „Die hab' ich ja auch."

In den folgenden Monaten informiert sich Simone über die Risiken einer Organspende. Vielleicht kann sie ja helfen. Langsam reift in ihr der Entschluss, eine ihrer Nieren herzugeben. Früher war sie selbst schwer krank, litt unter Ess-Brech-Sucht (Bulimie). Heute ist sie wieder vollständig gesund, ohne Folgeschäden davongetragen zu haben. „Dafür war ich Gott unheimlich dankbar. Ohne seine Hilfe hätte ich das nicht geschafft." Die Hilfe, die sie durch den Glauben erfahren hat, möchte sie gerne weitergeben. Doch aus den Gesprächen mit Heike hört sie

heraus, dass sie nicht bereit ist, dieses große Geschenk anzunehmen. Simone beschließt zu warten. Als Heike dann ein Jahr später bei einem Gebetsabend erzählt, sie sei nun bereit, auch von jemandem außerhalb der Familie eine Niere anzunehmen, ist das der letzte Impuls für Simone. Jetzt stehen beiden intensive medizinische Tests bevor. Es stellt sich heraus: Die Niere passt. Auch ein Psychologe gibt grünes Licht. Was noch fehlt, ist die Zustimmung einer Ethikkommission der Ärztekammer. Nur mit deren Zustimmung will der zuständige Arzt des Stuttgarter Klinikums operieren. Doch die Kommission ist skeptisch. Nur selten findet sich ein Nierenspender, der mit dem Empfänger nicht verwandt ist. Aus Simones überstandener Bulimie schließen sie, dass sie psychisch instabil ist, und vermuten, sie wolle sich mit der Niere Heikes Freundschaft erkaufen. Die Zustimmung wird verweigert. Heike und Simone sind kurz davor aufzugeben. Doch Simones Mann ist davon überzeugt, dass diese Spende richtig ist. Er schaltet einen Fachmann aus Freiburg ein, der ein Gegengutachten veranlasst. Das Stuttgarter Klinikum entschließt sich daraufhin zum ersten Mal, gegen das Votum der Kommission eine Transplantation durchzuführen.

Am 7. Februar 2002 ist es soweit. Während der gesamten Operation beten Freunde und Bekannte für Heike und Simone. Beide überstehen die Operation gut. Heikes Körper zeigt keinerlei Abstoßungsreaktionen.

Heute erinnert Simone immer noch eine 20 Zentimeter lange OP-Narbe an ihr Geschenk. Bei Wetterumschwüngen zwickt sie manchmal ein bisschen. Doch das ist für Simone kein Problem: „Unser Glaube an Gott ist keine Theorie. Manchmal kann er sehr praktisch werden. Wenn ich nicht gewusst hätte, dass Gott mir beisteht, hätte ich das niemals gemacht."

„Schöne Grüße von deiner Niere", scherzt Heike manchmal. Simones Antwort ist eindeutig: „Das ist nicht mehr meine Niere. Das ist jetzt deine."

Inhalt

Gott persönlich kennen lernen?

„Gott, wo bist du?“ – ein Stoßgebet in höchster Not. Oder die vorwurfsvolle Frage: „Wie kann Gott das zulassen?“ Gott – er scheint irgendwie nicht greifbar, weit weg von unserem Alltag, von der Realität des eigenen Lebens. Nur in Krisensituationen, dann, wenn wir selber nicht mehr weiterwissen, dann kommt Gott ins Spiel, als letzter Anker – oder eben als Sündenbock.

In den Lebenslinien, die wir in diesem Buch nachgezeichnet haben, spielt Gott eine Rolle. Menschen, die mit beiden Beinen im Leben stehen, entdecken plötzlich: „Gott ist da, er ist real, und er interessiert sich für mein Leben!“ Kann das wirklich sein? Ist das alles nicht nur Einbildung, ein schöner Traum, etwas für schwache Gemüter? Da kommt dieses Buch an seine Grenzen. Wir können Lebensgeschichten erzählen, aber auch wir können Gott nicht beweisen. Dass jemand lernt, mit seiner Schuld umzugehen, dass eine junge Frau von Magersucht geheilt wird, dass ein Ehepaar wieder Mut zum Leben bekommt – das alles kann ja auch andere Gründe haben. Aber ein Gott, der real und erfahrbar ist, der in ein Leben eingreift und neue Türen öffnet? Das wäre doch zu schön, um wahr zu sein.

Wir glauben, es ist wahr. Wir glauben unseren Gästen aus dem „Hof mit Himmel“, dass sie das, was sie schildern, wirklich so erlebt haben, weil wir selbst erleben, dass Jesus Christus Realität ist. Das kann man nicht vermitteln, auch nicht mit noch so klugen Worten oder klaren Beweisen. Aber man kann es selbst erleben, wenn man sich darauf einlässt. Wie das geht? In einigen der Geschichten klingt an, wie Menschen ihren Weg zu Gott gefunden haben. Weil jeder Mensch anders ist, sehen diese Geschichten auch meist sehr unterschiedlich aus. Aber es gibt doch einige wichtige Wegmarken, die Ihnen helfen können, Ihren eigenen Zugang zu Gott zu finden:

1. Sie sind ein Mensch, den Gott geschaffen hat und den er bedingungslos liebt. Sie sind sein Geschöpf; und er hat Sie gewollt – und er will Sie immer noch. Es liegt ihm nichts mehr am Herzen, als dass Sie Ihr Leben in Gemeinschaft mit ihm leben – im Frieden mit sich und Ihrer Umgebung und im Frieden mit Gott. Nur bei Gott finden wir den Sinn und das Ziel unseres Lebens.

2. Da gibt es ein Problem: Gott ist heilig. Das heißt, er ist weit weg, oder besser gesagt – wir sind weit weg von ihm. Wir sind getrennt von Gott, wir sind und bleiben das, was die Bibel als „Sünder" bezeichnet. Aber „Sünde" und Gott passen nicht zusammen. Deshalb können wir keine Gemeinschaft mit Gott haben. Das steht zwischen Gott und uns, eine Mauer oder besser eine tiefe Kluft, die wir selbst nicht überwinden können. Aus eigener Kraft klappt das nicht – das ist die Botschaft der Bibel. Und jetzt?

3. Gott selbst hat die Kluft überwunden. Er ist zu uns heruntergekommen in seinem Sohn, Jesus Christus. Er ist am Kreuz gestorben, stellvertretend für jeden von uns. Er hat die Brücke gebaut, über die wir gehen können – nicht mehr und nicht weniger. Das ganze Geheimnis ist, dass wir dieses Geschenk akzeptieren müssen. Es gibt keinen anderen Weg. Auch wenn ich noch so „gut" werde, sanft wie ein Lamm, freundlich zu allen, nicht mehr stehle, nicht ehebreche und keinen Menschen umbringe – auch dann gibt es diese Kluft noch und ich komme nicht hinüber. Es hilft nichts – ich muss vor Gott kapitulieren und anerkennen: Ich schaffe es nicht, aber du. Genau darauf wartet unser himmlischer Vater.

4. Wie sag ich's ihm? Ganz einfach – so wie man ohnehin mit Gott redet: im Gebet. Wo und wie das passiert, welche Worte Sie genau benutzen, das alles spielt keine große Rolle. Gott hört mehr als das, was Sie sagen, er schaut Ihnen direkt ins Herz. Vielleicht sind Sie trotzdem unsicher – deshalb hier ein Vorschlag für ein solches Gebet:

Gott, ich schaffe es nicht, dir aus eigener Kraft nahe zu kommen. Aber ich will, dass du in mein Leben kommst und mich veränderst.

Da ist so eine große Kluft zwischen mir und dir. Ich kann diese Kluft nicht überwinden. Ich werde aus eigener Kraft nie so werden können, wie du mich haben willst. Aber du hast diese Kluft überwunden. Ich danke dir, Jesus, dass du für mich am Kreuz gestorben bist. Du hast alle meine Sünde mit ans Kreuz genommen. Du hast mir eine Brücke gebaut zu Gott, dem Vater.

Das hast du für mich getan. Ich will das glauben, und ich danke dir dafür. Ich nehme dieses Geschenk an. Ich bitte dich: Komm du in mein Leben. Gib mir deine Liebe ins Herz, und lass mich spüren, dass du mir nahe bist. Ich bitte dich: Mach du mich neu, und lass mich erleben, dass du in meinem Leben Realität wirst. Du hast gesagt, dass du die nicht abweist, die nach dir suchen, dass du Gebete erhörst. Ich bitte dich, dass du dieses Gebet erhörst und du mein Leben veränderst. Amen.

Und jetzt? Lassen Sie sich von Gott überraschen. Er hat zugesagt, dass kein Gebet ohne Antwort bleiben wird. Vertrauen Sie darauf, beginnen Sie in der Bibel zu lesen und suchen Sie Anschluss an eine Gemeinde. Wenn Sie Adressen brauchen, Hilfen zum Bibellesen oder andere Literatur – wir helfen Ihnen gerne weiter. Auch für seelsorgerliche Fragen haben wir ein offenes Ohr. Bei der Seelsorgeabteilung des Evangeliums-Rundfunks finden Sie kompetente Gesprächspartner: Rufen Sie an oder schreiben Sie uns:

Evangliums-Rundfunk
Berliner Ring 62
35576 Wetzlar
Tel. 06441 / 957-0

Natürlich werden Ihre Briefe und Anrufe absolut vertraulich behandelt.

Machen Sie sich auf den Weg mit Gott und Sie werden erleben, dass er Sie hält und trägt, dass das Leben mit ihm ein Abenteuer ist – aber eines mit Happyend.

Gottes Segen — Ihr „Hof mit Himmel"-Team

Informationen

„Hof mit Himmel“

ist eine christliche Talkshow, die vom Evangeliums-Rundfunk (ERF), Wetzlar, produziert wird. Ausgestrahlt wird sie über verschiedene Privatsender via Kabel/Satellit und Antenne. Mehr Informationen unter: www.hofmithimmel.de

Wer ist der ERF?

Der Evangeliums-Rundfunk gehört keiner Kirche oder Gemeinde an. Er ist unabhängig und finanziert sich ausschließlich durch Spenden. Seit 1959 produziert der ERF in Wetzlar christliche Radioprogramme, die zunächst über Kurz- und Mittelwelle (Radio Monte Carlo) ausgestrahlt wurden. Heute sendet der ERF zusätzlich über den Satelliten ASTRA. Seit Mitte der 80er Jahre produziert der ERF auch Fernsehprogramme. Daneben nutzt der ERF auch das Internet für die Verbreitung von Radio- (www.erf.de) und Fernsehsendungen (www.life-tv.net).

Videos erhältlich.

Die meisten der „Hof mit Himmel“-Sendungen, in denen die Menschen aus diesem Buch zu Gast waren, sind zu einem Preis von jeweils 10 EUR erhältlich bei:

mediaserf GmbH
Berliner Ring 62
35576 Wetzlar
Fon 06441/957300
Fax 06441/957180

Gerald Asamoah:
Best.-Nr. 25042
Andy Baltaks:
Best.-Nr. 25052
Simone Freudemann und Heike Erwin:
Best.-Nr. 25090
Helmut Hosch:
Best.-Nr. 25064
Nassim Ben Iman:
Best.-Nr. 25087
Manfred Mollath:
Best.-Nr. 25071
Martina und Sönke Lucht:
Best.-Nr. 25054
Marion Klug:
Best.-Nr. 25096
Hans-Jörg und Linda Karbe:
Best.-Nr. 25048
Erika Pailer:
Best.-Nr. 25006
Dorothe Kleine-Ruse:
Best.-Nr. 25062
Lorenz Schwarz:
Best.-Nr. 25053
Inge Westermann:
Best.-Nr. 25067
Hans-Joachim Zobel:
Best.-Nr. 25037

3. Auflage 2004

Umschlag: Dietmar Reichert, Dormagen
Layout und Satz: Stefan Willems, Neuss
Druck und Bindung: Proost NV, Belgien
ISBN 3-89562-634-1 (ERF-Verlag)
ISBN 3-417-24738-1 (R. Brockhaus V.)

Bestell.-Nr. 312 075 146 (ERF-Verlag)
Bestell-Nr. 224 738 (R. Brockhaus V.)